Google式 10X テンエックス

リモート仕事術

あなたはまだ
ホントのGoogleを知らない

Google最高位パートナー
平塚知真子

ダイヤモンド社

あなたはまだホントの Google を知らない

　新型コロナウイルスにより、わが国初の「緊急事態宣言」が発令されて以来、私たちの住み慣れた社会は一変しました。

　甲子園球場で行われる春と夏の風物詩、全国高校野球選手権大会が中止。4年に一度、しかも56年ぶりに東京で行われる予定だった東京2020オリンピック・パラリンピックも延期されました。

　でも、悪いことばかりではありません。

　いい意味で変化したのが働き方です。

　IT を活用した働き方の必要性は、以前から叫ばれてきました。

　今回の件で一部の業種を除き、出社しなくても、十分仕事が回ることを実感した方も多いと思います。

　満員電車に乗らなくていい。1時間の会議のために、倍以上の時間をかけて取引先まで出向かなくていい。帰宅時間を気にしていた会社の飲み会も、自宅からのオンラインでいい。

　対面せず、場所を移動しなくても、以前と同じことができるなんて夢のよう……。

　そうです。ついに理想的な「リモートワーク」という働き方が誕生したのです。

　しかし、この変化によって生み出されたのが「リモート格差」です。

　この瞬間にも、この大変化を前向きにとらえる「リモート強者」と、この変化を後ろ向きにしかとらえられない「リモート弱者」に二極化しています。

あなたは、リモート強者か？
それとも、リモート弱者か？
次の質問の回答ですぐわかります。

「リモートワークで、あなたの仕事の生産性は、**劇的に向上**しましたか？」

もし、その答えが YES なら、リモート強者。
もし、NO なら、リモート弱者です。

▍目指すは"10X"リモート強者

うーん、リモートワークにはそこそこ慣れてきたけれど、劇的な向上まで
は……という方は、残念ながら「リモート弱者」です。
でも、大半の方がそうですから安心してください。

この本は、なんとか現状を変えたいけれど、アプリ[*1]や IT ツールは苦手、
というアナログ派のための本です。
そんな人たちを、失礼ながら**「意識高い系アナロガー」**と呼ばせていただ
きましょう。
意識高い系アナロガーとはどんな人でしょう。経営者、経営幹部、起業家、
各組織のリーダークラス、一般社員の中で現状を変えたい人たち……。多く
の人たちが劇的に変わったオンライン環境でどうやって生産性を上げ、社員
のモチベーションを上げたらいいか、苦心しています。
対面なら発揮できる各々の強みがリモートでは発揮できない。メンバーと
も意思疎通ができない……。そんなもどかしさを多くの人が感じています。
でも、大丈夫です。

＊1　厳密には「アプリ」とは、スマホやタブレットにインストールしたうえでインターネットに接続して利用するもの。
「サービス」とは、ブラウザ（Microsoft Edge や Google Chrome™、Safari など）を使ってインターネットに接続
して利用するものだが、本書ではあえて使い分けずに「アプリ」と呼ぶ

今、あなたに必要なものは、**最短最速でリモート強者になる武器**。

なかには、「手っ取り早く学ぶなら、YouTube™ でいいじゃん」という人もいるかもしれませんが、これから紹介する内容は YouTube ではとうていたどり着けないもの。

そのゴールとは、**成果10倍の劇的変化**。

これが本書のテーマ、「**10X（テンエックス）**」なのです。

誰もが知っている最強の無料ツールとは？

では、10倍の成果を目指す**10X** を実現するにはどうしたらいいか。

Google（グーグル）を頑張らずに使い倒すことです。

しかも、**すべて無料**でできます。

「え？　Google ？　もう使っているよ」という声が聞こえてきそうですが、多くは検索エンジンや Gmail™ など**シングルアプリ・シングルユース（単体アプリを一人で使う）**でしょう。これでは、Google 本来の威力をまったく発揮できていません。

そう。**あなたはまだホントの Google を知らない**のです。

マルチアプリ・マルチユース（複数のアプリを組み合わせて多人数で使う）*2でこそ、**Google のモンスター的な破壊力、10倍馬力**が初めて発揮されるのです。

では、なぜ **Google** なのか。理由は3つあります。

理由❶：無料で使える*3から**始めやすい**

理由❷：利用者が多いから**協働しやすい**

理由❸：セキュリティが堅牢（けんろう）だから**安心**

---

*2　ビジネス向け有料版サービス Google Workspace™（グーグル ワークスペース、旧 G Suite：ジースイート）については173ページで詳説

*3　マルチは「多数の」「複数の」の意。「マルチアプリ・マルチユース」は著者の造語

　誰もが一度は使ったことがある Google。しかし、**誰もが知らない Google の底知れぬパワー**を実感してしまえば、もう手放せません。

　でも、きっとこんな疑問が浮かびますよね。

　「そんなにすごい使い方があるなら、どうして今までまったく知られていないの？」

　これには理由があります。ここだけの話、その使い方を教えられる人がほとんどいないのです。

アプリ約70を「10」に厳選！

　マルチアプリ・マルチユースといっても、Google の無料アプリがこんなにあることをご存じでしたか（次ページのサービス一覧参照）。なんと約70[4]もあります。

　誰もが知る検索エンジンや Google マップ™ の他に、2020年10月18日現在、無料のアプリは実に**69**も存在。

　全部使ったことがある方、いるでしょうか。

　私は出会ったことがありません。

　さすがに69は多い。一般的な業務で使えるアプリに限定すれば、**20**[5]知っていれば、かなりの上級者。しかし、本書では最重要アプリだけを厳選。その20をさらに絞り込んで、これさえ知っていればリモート強者になれる、というアプリを**10**にまで厳選しました。

　「10X・10アプリ（テンエックス・テンアプリ）」の誕生です。

---

[4]　出典：Google サイト「サービス一覧」の掲載アプリ数は69。ただし、Google のアプリは日々増え続けており、69と Google から公式に発表されているわけではない。また、サービス一覧に掲載されていないアプリも複数存在しており、表示アプリもしばしば変更されている（アクセス日：2020年10月18日）

[5]　Google カレンダー™、Google Meet™、Google Jamboard™、Google ドライブ™、Google フォーム™、Google スプレッドシート™、Google Classroom™、Google アカウント、Google Keep™、Gmail、Google Chrome、Google 翻訳™、Google ドキュメント™、Google スライド™、Google マップ、Google ToDo リスト™、Google サイト™、Google グループ™、Google マイビジネス™、Google Chat™の20種類

Google のサービス一覧

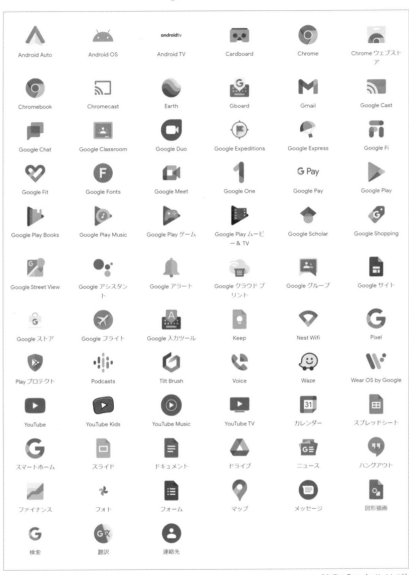

Android Auto　Android OS　Android TV　Cardboard　Chrome　Chrome ウェブストア

Chromebook　Chromecast　Earth　Gboard　Gmail　Google Cast

Google Chat　Google Classroom　Google Duo　Google Expeditions　Google Express　Google Fi

Google Fit　Google Fonts　Google Meet　Google One　Google Pay　Google Play

Google Play Books　Google Play Music　Google Play ゲーム　Google Play ムービー & TV　Google Scholar　Google Shopping

Google Street View　Google アシスタント　Google アラート　Google クラウド プリント　Google グループ　Google サイト

Google ストア　Google フライト　Google 入力ツール　Keep　Nest Wifi　Pixel

Play プロテクト　Podcasts　Tilt Brush　Voice　Waze　Wear OS by Google

YouTube　YouTube Kids　YouTube Music　YouTube TV　カレンダー　スプレッドシート

スマートホーム　スライド　ドキュメント　ドライブ　ニュース　ハングアウト

ファイナンス　フォト　フォーム　マップ　メッセージ　図形描画

検索　翻訳　連絡先

（出典：Google サイト＊6）

＊6　出典：https://about.google/products/（アクセス日：2020年10月18日）

リモート弱者のあなたがリモート強者になるには、**「10X・10アプリ」さえ知っていればいい**。

では、どうしたら、**マルチアプリ・マルチユース**で使い倒せるか。
近くで Google を上手に使っている人に聞く？
Google を使いこなしている YouTuber に学ぶ？
それらもいい選択肢です。
要は、いい先生を自分で見つけるしかないのです。学校では教えてくれませんから。

僭越な物言いをお許しいただければ、著者である私は、そんな先生方の頂点にいます。
申し遅れました。私は **Google 最高位パートナー**の平塚知真子と申します。
「最高位パートナー」は、Google が認定するパートナーの肩書（Google 認定トレーナー*7 / Google Cloud Partner Specialization Education*8）の2つの最高位の資格を保有しています。2020 年 10 月現在、国内唯一の認定女性トレーナー社長です。いわば Google 認定の "上級専門家" です。

なぜ「上級」に認定される企業は極めて少ないのか。
Google は実績を重視するため、本当にユーザーから評価された人しか選抜されないからです。
私はこの 3 年間、Google 関係者から推薦をいただき、幾多の厳しい条件をクリアし、最上級の公認トレーナーになり、日々 Google を使い倒して最新情報をもとに更新しながら、研修プログラムを開発。現在も講師陣を教える講師として現場で研鑽を積んでいます。私たちの研修プログラムはレベル別にたくさんありますが、本書では IT ツールがとことん苦手な方に、これだけ覚えれば大丈夫という箇所を厳選しています。

---

*7　Google が個人を対象に認定する、教育改革に取り組む教師を指導、サポートするための最上位資格。他に Google 認定教育者レベル1・レベル2、Google 認定イノベーターの資格がある（出典： Google for Education Teacher Center）

*8　Google Cloud Partner Advantage Program でこの認定を受けている企業は国内2社のみ（2020年10月末現在）

ムダなことは一切書きません。この手の本を最後まで読めなかった人でも、**最後まで読みきれる本**を目指しました。

　Google から直接何度も研修を受け、グーグラー*9たちと一緒に仕事をしている私でしか伝えられない最高鮮度のエピソードなども随所に織り交ぜ、面白く読めるように工夫しました。

▌現状維持派が ますます淘汰される時代

　Google（持株会社は Alphabet Inc.）をひと言で表すと、**イノベーションとコラボレーション**が最も得意な会社です。

　1998年の創業から約20年で1618億US ドル*10（約18兆円*11）という大企業に急成長した理由がここにあります。

　欧米と比較すると、日本は IT 活用面で周回遅れが指摘されていますが、日本政府は2020年度にGIGAスクール構想*12として4000億円*13を超える大型予算を計上。公教育への投資インパクトとしては過去最大級です。

　これからは、学校にも高速無線 Wi-Fi が整備され、一人一台のデバイスが配付され、授業が劇的に変わっていきます。デバイスとは、パソコン、タブレット、スマホなどの端末のことです。

　2019年まで無名だった「Chromebook™（クロームブック）」が全国約半分の公立小学校、中学校で配付される予定です（Google 調べ）。

　Chromebook は、Google の Chrome OS が搭載されたノート型パソコンで、タブレットとしても使えます。

＊9　Google では社員のことを「グーグラー（Googler）」と呼んでいる

＊10　Google の持株会社である Alphabet Inc. 業績（出典：2019年12月期の Alphabet Inc. の年次報告書）

＊11　1ドル＝110円で計算

＊12　GIGAスクール構想：「1人1台端末と、高速大容量の通信ネットワークを一体的に整備することで、特別な支援を必要とする子供を含め、多様な子供たちを誰一人取り残すことなく、公正に個別最適化され、資質・能力が一層確実に育成できる教育ICT環境を実現する」（出典：文部科学省リーフレット「GIGAスクール構想の実現へ」より）

＊13　令和元年度補正予算額2318億円、および令和2年度補正予算では「GIGAスクール構想の加速による学びの保障」に2292億円が計上され、2023年度が達成目標だった児童生徒1人1台の端末整備は2020年度内に前倒しされた

　今後、教育現場ではすべての授業において IT 活用が前提となり、子どもたちの IT スキルは急激に向上するでしょう。IT スキルを武器に上の世代を下の世代が強烈に突き上げてくる中、変化を拒む人は置き去りにされるだけです。

　だからこそ、今、**Google の10倍変化＝「10X」**を本気で目標にしてみてください。
　Google の10X は「誰」を幸せにするための目標なのか。これを考えることが実は大切なポイントになります。

　自分のためだけでなく、本心から幸せにしたい誰かのために行動すると、ワクワクするものです。何を望むかはあなた次第。想像するだけでワクワクする未来を実現する。
　そんな10X の実現に必要なことは、今日できる小さな一歩。
　毎日、一つずつでも実行することが **Google 式10X** なのです。
　本書で紹介する「10X・10アプリ」の操作は難しくありません。
　すべて無料なので、コストも心配ありません。
　上達のカギは一人で勉強するのではなく、**みんなと一緒に使う**ことです。

準備するものはこれだけ

これからあなたを10Xの世界にお連れしますが、その前に2つだけ準備をお願いします。

❶ デバイスの用意

本書のそばにデバイスをご用意ください。

Googleはすべてのデバイスで使えます。本書を活用すれば、リモート弱者がリモート強者に必ず変わります。

❷ アカウントの取得

Googleの長所は、**すべてクラウド（Googleのサーバ）**で動くことです。そのカギになるのが、Googleアカウント。

Googleアカウントが一つあれば、どんなデバイスでも、いつでもどこでも必要な情報にアクセスできます。

セキュリティも極めて堅牢なので安心して使えます。アカウント未登録の方は先に登録をすませてください。登録時間は長く見積もって3分。カップラーメンができるまでに確実にできます。「グーグル　アカウント」で検索してみてください。

「**10X・10アプリ**」をマスターすれば、**対面よりもリモートのほうが成果10倍**になることをここにお約束いたします。

Google 最高位パートナー

平塚 知真子

Contents

Google式10Xリモート仕事術

はじめに
あなたはまだホントの Google を知らない ………………………………… 002

目指すは "10X" リモート強者 ………………………………………… 003

誰もが知っている最強の無料ツールとは？ ……………………… 004

アプリ約70を「10」に厳選！ ………………………………………… 005

現状維持派がますます淘汰される時代 ………………………… 008

準備するものはこれだけ ……………………………………………… 010

Chapter

1

リモート弱者がリモート強者に変わる
Google 式 10X 思考法   019

ビフォーコロナ、アフターコロナで激変した３つの仕事 ………… 020

リモートワークで何が変わったのか ………………………………… 021

　会議・面談・商談　　021

　資料作成と確認・修正　　021

　管理・育成・指導　　021

旧型 vs 新型「行ったり来たり」………………………………………… 022

10倍どころじゃない生産性が生まれる理由 …………………… 023

10%改善するより、10倍にするほうがカンタン ……………… 025

未来から逆算する Google 式 10X 思考 ………………………… 027

Chapter 2

あなたが知らない Google を体験する。 031

たった3ステップで即体感 032
ステップ1　始める → とにかく初動が速い 033
ステップ2　つくる → Google の AI があなたをサポート 036
　「文字入力」もいいけど、「音声入力」はいかが？ 036
　Google 画像検索™ からのダイレクト挿入 038
　AI にデザインをお任せする 041
ステップ3　共有 → いつでも、どこでも、誰とでも 042
　マルチデバイスを体験する 042
　パソコンとスマホアプリで同時編集を「一人二役疑似体験」 044
　コメントで、インタラクティブなリモートコミュニケーション 046
なぜ、Google なのか？ 047
　❶ 100%のクラウドネイティブ 048
　❷ 高性能な検索機能 049
　❸ Google のセキュリティは業界最高水準 052
Google の10X を支える共有の「CCM」とは 053

Column 1　Google では「イノベーション」を何と呼ぶ？ 056

Chapter

3 Google式10Xコミュニケーション術 057

リモート会議は、かゆいところに手が届かない!? 058

なぜ、会議と10X実現プロセスは同じなのか？ 059

リモート会議が劇的改善する3つのアプリ 060

準備：【Google カレンダー】 061

拡散：【Google Meet】 061

収束：【Google Jamboard】 062

1 **準備プロセス**

「Google カレンダー」がラクラク全自動管理！ 063

Google のアプリを開く 063

本人に尋ねなくても日程調整完了 064

事前に共有を許可する 065

会議のスケジュールを AI が調整する 066

開催通知と出欠連絡はワンクリックで OK 068

資料・会議リンクの配付不要でも問題なし 071

Google の AI と機械学習 074

2 **拡散プロセス**

顧客満足度 No.1「Google Meet」で 10X 会議 076

［Google アカウントを持っていない場合］ 077

［Google アカウント保持者］ 077

みんなにどんどん発言させる Google の仕掛け 078

チャットを使って、話すと書くを「行ったり来たり」 079

「画面共有」で離れていても資料を見える化 081

3 収束プロセス
**期待の超新星「Jamboard」で
明日の一歩を一緒に決める** ──────────── 083

リモート会議の最難関「合意形成」もラクラク ──────── 084

リモートでも同じ景色を見ているからみんな納得 ─────── 086

❶ 2分法　　087　　❷ マトリクス　　088

Google 式会議の6か条 ────────────────── 089

事例 **9時間近くの膨大な会議の準備が、
10分の1に大幅短縮！** ─────────────── 091

Chapter

4 **Google 式 10X コラボレーション術**　　095

リモートでも情報の「収集」→「活用」→「保管」
3ステップで成果10倍 ─────────────────── 096

必要な情報にいつでもどこでもアクセスできる仕組み ─────── 097

リアルよりリモートで成果10倍！ コラボ劇的改善3アプリ ─── 098

収集：【Google フォーム】　　099

活用：【Google スプレッドシート】　　099

保管：【Google ドライブ】　　100

1 収集プロセス
「フォーム」で鮮度の高い情報を高速見える化 ─────── 102

完成した フォーム にどうやって回答してもらう？ ─────── 106

集計は自動！ グラフ化まで苦労知らず ──────────── 108

必要な情報は、自分たちで柔軟に収集・活用・保管！ ────── 110

2 活用プロセス
情報活用の場は「スプレッドシート」で ················· 112

リモートでも［コメント］を使えば、
ワイワイガヤガヤ会話ができる ····················· 118

［自動保存］で「版」の管理に革命を起こす ················· 122

「解決策」ではなく「問題」に恋せよ ····················· 124

3 保管プロセス
整理不要で必要な情報を秒速発見できる
「ドライブ」 ················· 126

Google ドライブ が
ドラえもんの「四次元ポケット」である理由 ················· 127

必要な情報にすぐ到達するための３つのテク ················· 130

テク1 ［最近使用したアイテム］で見つける　130

テク2 ［マイドライブ］から
［履歴］→［詳細］をクリックして見つける　131

テク3 ［ドライブで検索］にキーワード入力後、
条件を指定して絞り込む　131

ファイルの所有権は放棄しない ····················· 132

事例 1300万円かけて導入したシステムを
建設会社があっさり捨てた理由 ················· 134

Column 2 「さっさと失敗しろ」という文化が
Google で生まれた理由 ················· 139

Chapter

5 Google 式10X マネジメント術 141

リモート管理は声がけ、助言のタイミングがつかめない？ ············ 142

Google で成功するマネジャー10の行動 ························· 143

リモート管理を劇的に変える3アプリ ····························· 146

やる気管理：【Google Classroom】 146

安全管理：【Google アカウント】 146

タスク管理：【Google Keep】 147

1 やる気管理
「Classroom」で対話の場を常設する ············· 148

Classroom を社員の対話とフィードバックに使う方法 ········· 151

「13の秘密の質問」で Google 式優れた上司になる方法 ············ 152

2 安全管理
「Google アカウント」で
安心してクラウドを使い倒す ························· 155

Google アカウントでセキュリティを強化する方法 ············· 155

強固なパスワードと2段階認証を設定する ···················· 158

Google に渡すデータを自己管理する「プライバシー診断」 ········ 160

3 タスク管理
「Google Keep」で次世代型遠隔タスク管理 ············· 162

自分や部下のタスク管理に活用する ························· 163

Column 3　Google が一番大切にしている原則 ················ 168

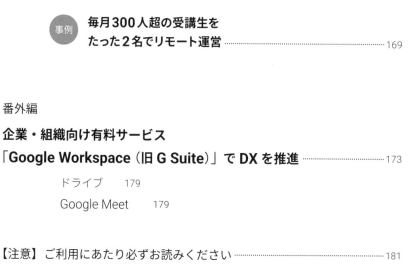

事例 毎月300人超の受講生を
たった2名でリモート運営 ··· 169

番外編
企業・組織向け有料サービス
「Google Workspace（旧 G Suite）」で DX を推進 ····························· 173

　　　ドライブ　　179
　　　Google Meet　　179

【注意】ご利用にあたり必ずお読みください ···································· 181

おわりに ··· 182

Chapter

1

リモート弱者がリモート強者に変わる
Google式10X思考法

ビフォーコロナ、アフターコロナで激変した3つの仕事

テクノロジーは、日進月歩です。

この時代の劇的変化は、あなたの意思や感情を忖度してくれません。あなたを容赦なく置き去りにしていきます。

でも、これは悪いことだけではありません。進化したテクノロジーの波に乗ってしまえば、時代に取り残されることはないのです。

ただ問題はリモート弱者。

考え方を変えないと、リモート強者との差は開く一方です。

今、リモート弱者はどんなことに悩んでいるのでしょうか。

新型コロナのビフォー・アフターで、仕事のやり方が大きく3つ変わりました。

❶（社内や取引先・顧客との）**会議・面談・商談**
❷（社内や取引先との）**資料作成と確認・修正**
❸（社内メンバー、特に部下の）**管理・育成・指導**

図表1-1　3大仕事のビフォー・アフター

3大仕事	ビフォーコロナ	アフターコロナ
会議・面談・商談	【対面集合】 参加者が一堂に会する集合型対面会議	【非対面リモート】 離れた参加者が画面ごしに参加するウェブ会議
資料作成と確認・修正	【一人作成・メール添付で確認】 一人で作成し、メール送付で共有。上司がチェック	【同時編集・コメントで確認】 大人数で同時に作業と編集をするのでメールを使わない ※リモート強者
管理・育成・指導	【対面接触】 オフィスで対面しながら面談	【非対面非接触】 離れた場所からデバイス画面を通じたウェブ面談

リモートワークで何が変わったのか

もう少し**図表1-1**を掘り下げてみましょう。

会議・面談・商談

会議・面談・商談は、**【対面集合】**から**【非対面リモート】**に変化。

かつては時間を調整し、会議室を確保し、全員顔を合わせてのミーティングが基本。

↓（変化）

在宅勤務が一気に広がり、Zoom や Google Meet、Microsoft の Teams などを使ったリモート会議、オンライン会議が急速に普及。

資料作成と確認・修正

資料の作成作業は**【一人作成・メール添付で確認】**から**【同時編集・コメントで確認】**に変化。

オフィスに出勤するのがあたりまえだった頃は、デスクのパソコンで資料を作成。同僚・上司の確認や承認を仰いでメールに資料添付で送付。何度もメールをするので、確認に手間がかかっていた。

↓（変化）

リモートでは対面しないのが前提となり、クラウドで対面しない相手と資料を見ながら共同作業することが必須に。

管理・育成・指導

部下の管理・育成・指導は**【対面接触】**から**【非対面非接触】**に変化。

以前はオフィスで毎日顔を合わせるので、顔色を見ながら声をかけ、時には個室で相談ができた。

↓（変化）

在宅勤務になると、リモート会議や電話などで、管理・育成・指導するしかない。

つまり、**接触型リアル**から**非接触型オンライン**へ大きく流れが変わったのです。

　デバイス機器、通信環境、クラウド技術の進歩により、すでにリモートで仕事ができる環境が整っていたため、新型コロナで一気に劇変しました。

旧型 vs 新型「行ったり来たり」

　これにより、下記の「**行ったり来たり**」が激減しました。
- 満員電車に乗って会社に出勤する必要がなくなった
- 会議や商談の場に移動し、出向かなくてもよくなった
- チャットの利用で、社内ではメールを何度もする必要がなくなった

　これを受け、「リモート最高！　もうこれなしで今後の仕事はありえない」と笑みを浮かべたのがリモート強者です。

　リモート強者は従来の「行ったり来たり」を卒業し、スマホやPCなどデバイスを通じてクラウド中を新たに「行ったり来たり」し始めたのです。

　従来の「**行ったり来たり**」は物理的な空間移動でした。
- 家から会社へ
- A会議室からB会議室へ
- 何度も繰り返されるメール送付

　一方、リモートワークになると、こう変わります。
- スマホやPC画面からウェブ会議を連続でハシゴする
- メールやチャット、メッセンジャーなどで社内外の打合せをする
- 文書作成アプリを立ち上げ、複数名で同時に資料の編集作業をする

　リモート強者はクラウドを縦横無尽に動き回り、ますます生産性を高めています。

　これでは旧態依然のリモート弱者とは差がつくばかりです。

　現在、多くの人は、Chatwork（チャットワーク）でメンバーの日程調整をし、Zoom（会議アプリ）会議で「PowerPoint（プレゼンアプリ）」を共有しながら打合せ。Gmail（メール）しながら「Dropbox（オンラインストレージ）」に保存といったように、別々の会社が運営するアプリを複数使っています。このため使い勝手が悪い。データの所有者は同じでも、別々のアカウントとパスワードで各々のアプリにログインすると、使い方も異なり、作業データを一括で管理・共有できません。

　でもリモート強者は、この「IT の段差」をクラウドに慣れることでラクラクと越えているのです。

10 倍どころじゃない 生産性が生まれる理由

　今、リモート弱者とリモート強者では、**10 倍どころではない効率の差**が生まれています。今回、当社のクライアントの実例を比較してみました。

　まったく同じやりとりですが、リモート弱者とリモート強者では、こんなにも生産性が違ってきます。

[事例]
　A 社の A 山さんは、新たな顧客 B 社と取引を始めるに当たり契約書締結を求められました。B 社は B 田さんが担当で、2 人の間に「契約書締結」の仕事が発生しました。

　このプロセスは、「顔合せ」→「契約書作成」→「内容確認」→「内容修正」→「合意締結」の 5 段階を経て仕事が完結します。次の**図表 1-2** の 5 段階プロセスでリモート弱者とリモート強者を比較しましょう。

図表1-2 リモート弱者とリモート強者の仕事比較

仕事のプロセス	リモート弱者	リモート強者
1. 顔合せ	[1日目] A山さんがB田さんのオフィスを訪問、対面挨拶	[1日目（30分）] A山さんとB田さんは会議アプリで対面挨拶
2. 契約書作成	[2日目] B田さんが文書案を作成し、翌日、A山さんへメール送付	[1日目（10分）] 会議しながら、クラウド上で文書を作成。その場で相手と共有
3. 内容確認	[3日目] B田さんからのメールをA山さんが受領し内容確認	[1日目（15分）] 相手がクラウド上で内容確認
4. 内容修正	[4〜5日目] A山さんが数か所の訂正希望をB田さんへメール連絡。調整により、A山さんとB田さんの間で3往復のメールやりとりが発生後、契約合意に至る	[1日目（30分）] クラウド上で双方の言い分を契約書に共同編集。相違点を自社スタッフとリモート会議やコメントで修正し合い、妥結点を見つけ、合意文書を双方で確認
5. 合意締結	[6〜7日目] B田さんから捺印済契約書が郵送で到着。A山さんからB田さんへ捺印済契約書を郵送し手続き完了	[1日目（5分）] 合意文書を電子捺印・PDF化し手続き完了 （挨拶から1時間半で終了）

リモート弱者はだいぶ時間がかかっています。

最初の挨拶から手続き完了まで実に7日間。

「行ったり来たり」はオフィスへの訪問、数度のメール、郵送手続きは2回。

一方、リモート強者はわずか1時間半でウェブだけで手続きが完了。しかもオフィス訪問、メールのやりとり、郵送のやりとりは一切なし。

会議アプリ、文書アプリ、電子捺印アプリ、PDFといったクラウドアプリで「行ったり来たり」させるだけで、物理的な距離の移動は一切していません。

リモート弱者が**168時間**（7日間）かけた作業を、リモート強者はたった

1時間半ですませたのです。「行ったり来たり」の内容を変えるだけで、**10倍以上どころではない効率アップ**が実現しました。

それをリモート弱者でもラクラク扱えるのが **Google のアプリ群**。

キーワードは**10X・10アプリ（テンエックス・テンアプリ）**です。

10%改善するより、10倍にするほうがカンタン

Google 成功の秘密といわれる「**10X（テンエックス）**」。

ビジネスでは、前年より10%増の目標を目指すのが一般的です。

ところが、Google では吟味して算出した目標数値に、上司がおもむろに近づき、「0」を一つ書き足すといいます。

つまりこれが「10X」、10を X（かける）わけです。

「目標数値の10倍？　そんな無茶な！」と思うでしょう。

ところが、「**実は10%改善するより、10倍にするほうがカンタンだ**」と言うのは、X（旧 Google X）のアストロ・テラー氏（**図表1-3**）。テラー氏は Google Glass（拡張現実ウェアラブルコンピュータ）や自動走行車など革新的なテクノロジーを開発する Alphabet の研究機関 X の CEO です。

図表1-3　**アストロ・テラー氏：失敗を喜ぶことの意外な効果—TED Talks**

（出典：TED Talks, 2016年）

テラー氏曰く、「何かを10％ずつ改善していくアプローチを取ると、世界中の人たちが参加する**頭のいい人コンテスト**に巻き込まれてしまう」。

実際、頭のいい人は世界中にごまんといて、みんなものすごく努力し、結果を積み上げています。

ところが、10倍の目標を設定した途端、今までと同じ方法ではとうてい達成できないので、**まったく新しい方法を考えるしかなくなります**。

テラー氏は「頭のよさではなく、**クリエイティビティとストーリーテリングの筋肉**を使ってみると、結果的にはるかにカンタンで効率的に答えにたどり着ける」と言います。

クリエイティビティ（創造性）とは、今までやったことのない方法や、まったく異業種の専門家と協力してみるなど、考えてもみなかった方法を試し、発見する力。ゼロから考えるより、異種の2つをかけ合わせる発想力。つまり、**コラボレーションがカギを握る**のです。

ストーリーテリング（物語の力）とは、「こんな未来が実現できたら最高」という妄想を、過去・現在・未来につながるストーリーの中に落とし込んで語る方法です。

私たちはなぜ、この困難に立ち向かい、これからどこへ向かおうとしているのか。

その答えを関係者とイメージで深く共有する方法です。

Google 成功の秘密は、**10Xを本気で実現しようとする人の想いの強さ**にあります。

単にテクノロジーを進化させることを目的とせず、**大きなインパクトを社会に与える、今までにない革新的なサービスを生み出す**ことに、Google の破壊的な原動力を感じます。

10X は組織を一つにまとめ、経営やプロジェクト運営の羅針盤となりますが、あなたの**人生の羅針盤**としても使えるでしょう。

「10Xなんて無理」という先入観に反し、あなたが考えるよりはるかにカンタンに難しいことを成し遂げることができます。ご安心ください。

未来から逆算する Google 式 10X 思考

　ここで、あなた自身の10Xを実際に考えてみましょう。

　まず、あなたの一番望む状態や達成したい目標を、一つだけ紙に書きましょう。

　さらに、その目標を数値化してみます。

　その数字に「0」を「一つ」書き足してください。

　これが10Xになります。

　どんな気持ちになりましたか？

　0を一つ書き足すといっても、想像がつかないですよね。

　最初は私もそうでした。

　屋根を突き抜けて、月を狙うくらい高い目標のことを「**ムーンショット**」といいますが、0を一つ書き足すのはまさにムーンショット。これを掲げるのは、かなりの勇気が必要ですし、最初はわけがわからないでしょう。

「絵に描いた餅になるだけじゃないの？」

「そんな大それたこと、自分が考えても意味がない」

「10倍とか意味ないし、無理でしょ」

　そう思うのが極めて自然です。

　でも、10Xを掲げるとき、ちょっとしたコツがあります。

　まず、10Xを考えるとき、今、あなたが「ない」とか「不十分」だと思っていることを考える必要は一切ありません。

「できない理由」を考えるのは、とりあえず、やめておきましょう。

　次に、10Xを掲げても、誰かに迷惑をかけることはないし、1円もお金がかからないことに気づきましょう。やって損するようなことは一つもないのです。

　そして、一番重要なことは、「今」ではなく、目標が達成できた「**未来**」**に目を向けるトレーニング**だということです。

あなたの10Xの目標は、「誰を」「どんな状態」にするものでしょうか。
具体的にゴールをイメージし、ストーリーをつくってみます。

もしそのムーンショットを達成できたら、あなた自身はいったい**「どんな気持ち」**になっているでしょうか。そして、あなたの周囲の人たちはどんな反応をするでしょうか。

その瞬間の情景や気持ちをイキイキと想像し、今、味わってみてください。

ワクワクできましたか？

自分が誇りに思えて、ニヤニヤしてしまった人もいるかもしれません。
それだけで成功です。

その10Xに対し、あなたが**これから真剣に取り組むだけの価値がある**と思えたら、後は実行あるのみ。

そのときに、デジタルツールの効果的な使い方を知っていると、一気に時間を短縮でき、広く深く人とつながることができます。

大切なのは「**未来からの逆算**」。

10Xは果てしなく大きい。1週間や1か月ではとても達成できないので、やはり無理という思いが湧き上がってくるかもしれません。

そんなときは、やるべきことを**小さく分解**してみましょう。

理想の未来から逆算し、今日できることをしっかりやる。たとえ小さな一歩でも着実に10Xに向かって歩めばいいのです。

もう一つの対策は、あなた一人で10Xを達成しなきゃいけないと思わないこと。

大きな目標を実現するときは、必ず**誰かの支援**があります。

私も以前は自分一人で全部やらなきゃと思っていましたが、10Xの発想と出合って以来、「自分一人でできなくても仲間がいればできる」と信じられるようになりました。

ただ、現実には、いろいろな人がいます。さらにコロナ禍以降は対面では

なくリモート勤務が常態化しました。以前、対面でできていたコラボも一筋縄では行きません。

こんなときこそ、**リモートだからこそできる強み**をみんなでシェアしたい。そんな想いでこの本が生まれました。

リモートでも、リアルタイムに必要な情報がシェアされ、各自が主体的に動けたら、対面よりもずっと生産性が上がることを身をもって感じてほしい。

これまでの常識がまったく通用しない今、現場のマネジャーの多くが疲弊しています。

リモート環境でも時短につながる効果的な情報を共有しながら、楽しい職場になったらいいなあと思いませんか。そして、その節約した時間で自分にとって本当に大切なことをやりませんか。

そんな願いをすべて解決してくれる唯一の方法が、Google のアプリ群を使い倒すことです。

ただし、**10X 思考あってのツール**ということを頭にたたき込んでおいてください。

つまり、Google のように成功するには、アプリの便利な機能や使い方を覚えるだけでは不十分。自分が扱わなければならない**目に見えない情報をどう管理するか**という視点を追加しましょう。

Google 式 10X 思考でチームメンバーやアプリの持つ力を最大限引き出し、効果的に活かすにはマネジメントが必要です。

ただあなたは、「Google をもっと業務に有効利用できたら、きっといいんだろうな」と思ってはいても、まだ Google のアプリに触れていない状態でしょう。

10X を実感するには論より証拠。百聞は一見にしかずです。

次章では、Google のプレゼンテーションアプリ「Google スライド」を触ってみましょう。

あなたが知らない
Google を体験する。

たった３ステップで即体感

本書のサブタイトルは、「**あなたはまだホントの Google を知らない**」。
「なんとオーバーな。Google の使い方なら知ってるよ」と言うあなたに、
ホントの Google の使い方を紹介しましょう。

お手元にデバイス（パソコン、タブレット、スマホ）を用意しながら、本
書を片手に体感してみてください。

体感するアプリは、プレゼンテーションアプリ（プレゼンアプリ）です。
ビジネスでは、顧客や他部署へのプレゼンが必ずあります。

プレゼンソフトといえば、Microsoft の PowerPoint（パワーポイント）や、
Apple の Keynote（キーノート）などがありますが、Google のプレゼンア
プリは、「**Google スライド**」といいます。

Google スライド

プレゼン資料で使われる１枚の紙は「スライド」といいますから、イメー
ジしやすいでしょう。今お使いのプレゼンアプリと比較しながら、**３つのス
テップ**で体感しましょう。

ステップ１	ステップ２	ステップ３
始める	つくる	共有

この３ステップで、アプリを活用した作業の全体像がはっきりとつかめま
す。

ステップ1
始める → とにかく初動が速い

イマココ
▼

ステップ1	ステップ2	ステップ3
始める	つくる	共有

　あなたはいつも PowerPoint、Keynote などのプレゼンアプリをどうやって立ち上げていますか。

　通常は、あらかじめ PC にインストールしたプレゼンアプリアイコンを、デスクトップやメニューからクリックして起動させます。そして「新規作成」をクリックして最初の1枚が現れる。ここまで「**2アクション**」です。この場合、基本的にソフトがインストールされたデバイスでしか作業ができません。

　一方、Google スライド は、どうでしょう。

　ウェブページを閲覧するアプリを「ブラウザ」と呼びますが、Google の提供するブラウザが Google Chrome（クローム）です。

　次の**図表2-1**のとおり、この Chrome の画面上にある、通常 URL が表示されている「アドレスバー」に直接「**slide.new**」と入力してみましょう。

図表2-1 Google スライド の新規作成画面にアクセスする

アドレスバーに
「slide.new」と入力

ウィンドウ

　すると、**図表2-2**のとおり、Google スライド の白紙の新規文書がいきなり表示されます（スタート画面は省略される）。ブラウザを使うことで、どのデバイスからでも無料で使えるのです。しかも**「1アクション」**で使えます。

図表2-2 Google スライド にタイトル、ファイル名を追加する

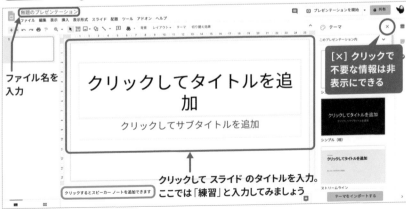

ファイル名を
入力

[×] クリックで
不要な情報は非
表示にできる

クリックして スライド のタイトルを入力。
ここでは「練習」と入力してみましょう

　いつもとはまったく違うスタート画面で、ちょっとびっくりしますが、Google では「**ブラウザ**」**でアプリを使う**のです。

　これは、データがあなたのパソコンに**残らない、残させない**からできること。

　自身のパソコンに保存することを「ローカル保存」といいますが、Google の場合は「**クラウド保存**」、つまり Google のサーバに**自動保存**されるのです。

　なぜウェブページを閲覧する際に使う「ブラウザ」でアプリが使えるのか。デバイスにインストールされたソフトではなく、ネットを経由して Google のサーバで管理されたソフトを使うからです。Google マップ や Gmail も そうです。

　手元のデバイスは、サーバにある情報を表示させる、いわば「モニター」にすぎません。

　そのメリットはいったい何でしょう。

　いつでも、どこからでもアクセスできることです。

　パソコン、タブレット、スマホ、Windows、Mac、その他どんなデバイスでも、いつでも、どこからでも、同じデータに安全にアクセスできる。データをお金にたとえるなら、自分のパソコンにだけに保存するのが「タンス預金」。クラウドに保存するのが「銀行預金」。銀行預金なら預金口座のある銀行だけでなく、全国にある ATM から安全にお金が引き出せます。

　ファイルは新規作成したら、必ず「名前」をつけましょう。

　Google アプリのファイル名は画面の左上に「無題の○○」と表示されています。ここをクリックするだけですぐに入力できます。後で見たときにすぐに思い出せる名前がおすすめです。

ステップ2
つくる → Google の AI[*14]があなたをサポート

イマココ
▼

ステップ1	ステップ2	ステップ3
始める	つくる	共有

「文字入力」もいいけど、「音声入力」はいかが？

情報のコンテンツをつくるためには、必ず文字を入力しなければいけません。

かつて華麗にタッチタイピングしている姿はカッコよさの象徴でした。でもこれからはそんな時代ではありません。

[文字入力] よりカンタンで入力精度の高い機能、**[音声入力]** が出てきているからです。

文書作成アプリである Google ドキュメント と、Google スライド の「**スピーカー ノート**」なら、音声で入力・編集[*15]ができます。しかも、その技術革新のスピードは日進月歩。どんどん精度が増しています。

スライド下部にある スピーカー ノート は、スライドショーにしたとき、手元のパソコンで確認できるメモ・スペースです（34ページ図表2-2の緑の枠）。ここへの音声入力は「2クリック」だけ。

メニューバーの **[ツール]** をクリックし、**[スピーカー ノートを音声入力]** をクリックするだけです。

＊14　AI：人工知能。正式名称はArtificial Intelligence

＊15　この機能は Chrome ブラウザ でのみ利用可能。音声入力を使用するには、デバイスの内蔵マイクがオンになっており、正常に動作する必要がある。デバイスによって設定は異なる。なお、スマホアプリを使えば、基本どのアプリでも音声入力が可能になる

図表2-3 スピーカー ノートを音声入力

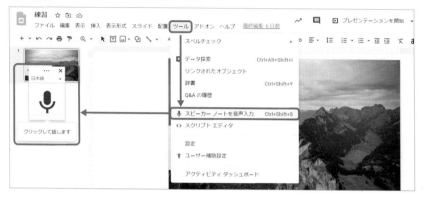

　話す準備ができたら、**図表2-3**のとおり、[クリックして話します] の上の黒いマイクのアイコンをクリックして、音声入力をオンにします（アイコンの色が赤くなる）。

　話し終わったら、赤いマイクのアイコンをクリックし、音声入力をオフにします（アイコンの色が黒に戻る）。

　では、試しに次の早口言葉を読み上げて、スピーカー ノートを音声入力してみてください。

「東京特許許可局（とうきょうとっきょきょかきょく）」
「隣の客はよく柿食う客だ（となりのきゃくはよくかきくうきゃくだ）」

　いかがでしょう。

　こんな早口言葉でも、結構正確に拾ってくれたのではないでしょうか。

　この音声入力は、Google の最新ディープラーニングのニューラルネットワーク アルゴリズムを利用して、自動音声認識を実現しています。文脈を判断して文章を作成し、入力された音声情報を即座に判断できるので、こんなに適切な文章にしてくれるのです。

いったん入力された文章でも、前後の文脈から違うと判断された場合は文章を書き直します。あたかもいったん書き終わった文章を人が後から訂正するかのように、Google の AI が適切な文章へ修正していく様子を確認できます。

　もちろん、句読点を追加したい場合*16や入力ミス、変換ミスがあった場合は、カーソルを該当箇所に移動して修正可能。音声入力を使用する際のポイントは、はっきり話すこと。それだけです。

　Google が日夜磨き続けている最新技術を**すべて無料**で体感してみてください。

Google 画像検索™ からのダイレクト挿入

　次に、スライドの「表紙」をつくってみましょう。

　文字だけの表紙も悪くないですが、表紙はプレゼン資料の顔。

　ここでは、表紙に**画像を挿入**してみましょう。

　これまで Microsoft の Word や Excel、PowerPoint などに画像を挿入するには、手元のデバイスに画像やグラフをいったん［保存］し、［挿入］していました。これは、デバイス上にソフトがインストールされていたからです。

　一方、Google なら、**この手間がすべて省けます。**

　クラウドでアプリが稼働しているので、**端末からわざわざアップロードする必要がありません。クラウドにある Google の「検索」で見つけた画像（または YouTube 動画）をスライドにダイレクトに挿入**できます。

　つまり、Google スライド、Google 検索™、YouTube というアプリに**「IT の段差」はまったく存在しない**のです。この Google ならではのシームレスな流れを体感してみましょう。

　何かを「追加」したいと思ったら、Google のアプリならすべて共通操作になりますので、覚えておいてください。

---

*16　2020年10月18日現在、句読点や記号の音声入力は日本語非対応

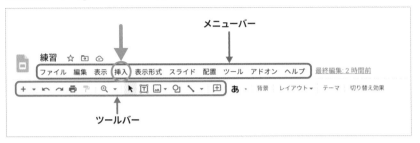

図表2-4 Google スライド に何か追加したいときは、メニューバーの[挿入]から

まず、図表2-4のとおり、「**メニューバー**」から ［**挿入**］**をクリック**します。

すると、Google スライド に追加できるものがプルダウンメニューですべて表示されます（次ページ**図表2-5**）。

画像やテキストボックス、音声、動画、図形、表、グラフなどいろいろな要素を、スライド に追加できることがわかりますね。

たとえば、この［挿入］のプルダウンメニューにある**グラフ**ですが、Google の場合、従来のように「グラフを画像ファイルに変換してから挿入」するのではなく、表計算ソフトである **Google スプレッドシート** で作成した**グラフそのものに［リンク］**することができます。つまり、「データ連携」したまま挿入することができるのです。だから、スプレッドシート 上のグラフが変更されれば、Google スライド のデータもすぐに同期・更新されるのです。

これからはデータに更新があるたびに、いちいち差し替える作業が必要なくなります。

ここでは ［**画像（写真）**］ を挿入してみましょう。

次の**図表2-5**にあるとおり、［挿入］から［画像］を選択すると、さらに隠れていたメニューが表示されます。

上から2つ目の［ウェブを検索］をクリックすると、**同じ画面上に Google 画像検索 が表示**されます（これは他社ツールでは実現不可能）。タブを切り替える手間がいらないので、同じ スライド 上で検索から挿入まで実行できてしまいます。

Google スライド は同じ画面で Google 画像検索 ができる

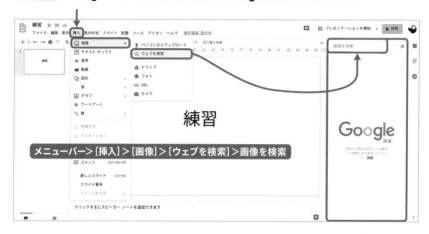

プレゼン資料に使う画像探しは意外と手間がかかる作業ですが、これにより作業がスピードアップします。追加したい画像のイメージをキーワード検索してみましょう。

ここでは「山」と入力してみます。エンターキーで検索スタート。

検索結果の画像はクリックで Google スライド に直接挿入

後は、表示された検索結果から好きなものをクリックで選択して（図表

2-6では上から2つ目の画像）、画面右下の［挿入］をクリックするだけ。

　なお、この Google スライド 上で行う画像検索では、Google の AI が「再利用可能」と判断した画像のみが表示されるようになっています。著作権にも配慮されているので安心です。

AI にデザインをお任せする

　さて、表紙のタイトルを入力し、面白そうな画像も挿入できました。

　ただ、デザインにちょっと悩むときもありますよね。テキストボックスの位置を変える、文字の大きさや色を変える、画像のサイズを調整してバランスを取るなど。

　この作業も、Google の AI があなたに代わってやってくれ、ほんの一瞬で見栄えのいい表紙を作成してくれます。［**データ探索**］は、右図のボタン、またはアイコンだけの状態で縮小表示され、画面右下に見つかるはずです（図表2-6緑の枠）。

［データ探索］ボタン

　［データ探索］をクリックすると、画面右側に複数のデザイン案がたちまち表示されます（図表2-7）。

図表2-7　［データ探索］で AI がレイアウトしてくれる

気に入ったデザインがあれば、クリックで選択。

すぐに Google スライド に適用されます。

このように、Google を体感しているだけですが、あなたはすでに最先端の AI 機能を使えていることになります。

ステップ3
共有 → いつでも、どこでも、誰とでも

イマココ
▼

ステップ1	ステップ2	ステップ3
始める	つくる	共有

ここまで、クラウド100％の Google だから実現できる**「アプリ連携」**と**「AI 機能」**を体験しました。

ここからは、複数の人が同じアプリを同時に編集する**「共有」**を体験しましょう。

この**「共有」が本書の核となる概念**です。

マルチデバイスを体験する

突然ですが、あなたは「同時編集」を体験したことがありますか。

同時編集とは、自分以外の誰かと同じタイミングで一つのファイルを編集できる機能。ただ、これを一人でやるのは至難の業。というのも、一人でシーソーに乗っても面白くないのと同じように、相手がいないとまったくつまらないからです。

ここでとても大切なことを言いますので、絶対に覚えておいてください。

クラウドを使う最大のベネフィットが、この**「共有」**によりもたらされるということです。

　これは非常に重要なので、共有をきちんと実感できる方法を考えました。
　それが、**複数デバイスによる同時編集**です。これなら、**即時性のある双方向のコミュニケーション**を一人でもすぐ体験できます。

　実際は、クラウドなど使わなくても仕事はできますし、複数でプレゼン資料を確認する作業も、メールに添付すればできることはできます。でも、リモート下で作業スピードを考えたらどうでしょう。
　今すぐこの疑問を上司に解決してもらいたい……。そうあなたが思っても、電話やメールでは時間がかかっていました。ところがクラウドで共有しておけば、**相手に一切負担をかけずにスピード解決**できるようになります。コロナ禍でストレスフルなリモート環境下、**相手に負担をかけない**というのは非常に大切です。

　クラウドなら、変更されたばかりの最新情報を、同じタイミングで、別の端末、他の関係者にも**同時に「共有」でき、すぐに判断・修正もできる**。しかも人手が一切不要。誰の手間もかからないのです。

　SNS の発達により、**即時性のあるインタラクティブなやりとり**に多くの人が慣れていますし、仕事にも**スピード感と双方向性**が求められています。**「共有」**を自分のモノにできれば、リモートワークもまったく怖くない。リモートでも、いつでもどこでも、相手と同じものを見て、最新情報をやりとりできます。

　実際、どんなスピード感で情報を共有できるのか、体験していただきましょう。双方向のコミュニケーションがこれから大きく変わります。
　やり方はカンタン。スマホを取り出して、スライド アプリを立ち上げる*17だけです。
　すると、**今、パソコンで作成したばかりのファイルがすぐ表示**されます。

＊17　お使いのスマホにまだ Google スライド をダウンロードしていない場合は、Google Play™ ストア（Android™）または Apple App Store（iOS）から無料で今すぐ入手できる

図表2-8 マルチデバイスでリアルタイムに表示される

← スマホアプリの画面

パソコンの画面

　立ち上げるだけで、パソコンのファイルといつでもどこでも最新版が同期されるのです。パソコンのあなたとスマホのあなたで、同時編集を疑似体験できます。

　では、スマホアプリからパソコンのあなたが作成した スライド を編集してみましょう。

パソコンとスマホアプリで同時編集を「一人二役疑似体験」

　今、スマホ画面には、先ほどあなたがパソコンで作成したものと同じスライドが図表2-8のように表示されているはずです*18。

　クラウド上の共有とは、クラウド上に存在する同じ一つのデータやファイルにアクセスしているため、リアルタイムで常につながっていることを指します。図表2-9のとおり、個々のやりとりは不要になります。

　共有先が自分の他のデバイスであれば、**リモートでいつでもどこでも、オ**

---

*18　本書では、2020年10月時点でピクセル3で操作した画面のスクリーンショットで解説している。その他のデバイスや機能や操作画面に変更があった場合、図表のスクリーンショットが異なることがある

図表2-9　シングルユースからマルチユースへ

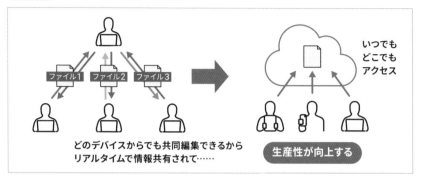

どのデバイスからでも共同編集できるから
リアルタイムで情報共有されて……

生産性が向上する

フィスでの作業の続きが可能です。

　共有先が自分以外の他者であれば、**一つのファイルを同時編集することができる**のです。離れていようが、隣にいようが、地球の裏側にいようが関係ありません。メールでの「行ったり来たり」は不要です。

　では、スマホの Google スライド で、編集の続きをやってみましょう。

　ここでは、2枚目のスライドを追加してみます。

図表2-10　Google スライド スマホアプリで2枚目のスライドを追加

スマホ画面

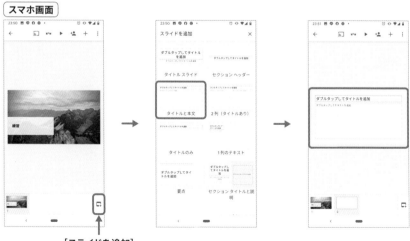

［スライドを追加］

パソコンなら「クリック」、スマホなら「タップ」といいますが、**編集画面の下部からスライドを追加、レイアウトを軽くタッチして選択**しましょう。

前の図表2-10の手順になります。無事追加されましたか？

コメントで、インタラクティブなリモートコミュニケーション

スマホの画面をタップすると、「コメントを追加する」と表示されます。

再度コメントしたい文字や画像をタップして指定すると、入力を始められます。

このとき、ほとんどのスマホは音声入力が使えます。スライドに挿入した画像にコメントを追加してみましょう。

コメントできたら、スマホから顔を上げ、パソコンの画面を見てください。すでにパソコンのスライド画面に、スマホからのコメントが表示されているはずです（図表2-11）。このコメントに返信してみましょう。そして、再度スマホの画面を確認してください。

図表2-11　コメントでリアルタイムに双方向性のあるやりとりが実現

　このようにリアルタイムで双方向性のあるコミュニケーションが手軽にできます。

　ここでは、スマホのあなたとパソコンのあなたは同じ Google アカウント*19でログインしています。そのため、パソコンからでもスマホからでも投稿者はあなた一人となっているはずです。**図表2-11**のように違うアカウント同士でのやりとりにはなりませんが、疑似体験ということで一人二役でお試しください。

　そして、これは スライド だけの機能ではありません。

　すべての Google アプリで共通してできることです。

　Google ドキュメント を使えば、議事録をメール添付する必要がなくなります。

　Google スプレッドシート を使えば、関係者全員で一つのファイルに数字を書き込み、閲覧したタイミングで最新情報が共有できます。ちなみに、Google の場合、パソコンのアプリもスマホアプリも [×] ボタンで終了*18します。

　データはすべて**自動保存**されているため、何も考えずにそのまま終了してしまっても OK。突然フリーズしても、うっかり終了しても、ファイルは Google のオンラインストレージサービス Google ドライブ にきちんと保存されています。どうぞご安心ください。

なぜ、Google なのか？

　ここまで実際に手を動かして、Google のアプリがどう他のアプリと連携するのか、マルチデバイスとはどんなものか、体験していただきました。

　こんなに**手軽にリアルタイムで最新情報を必要な相手と安全に共有できる**

＊18　本書では、2020年10月時点でピクセル3で操作した画面のスクリーンショットで解説している。その他のデバイスや機能や操作画面に変更があった場合、図表のスクリーンショットが異なることがある

＊19　Google アカウントについては第5章第2節（155ページ）で詳説

のは Google だからこそ。なぜそう言いきれるのか。理由は3つあります。
- ❶ **100%のクラウドネイティブ**
- ❷ **高性能な検索機能**
- ❸ **Google のセキュリティは業界最高水準**

❶ 100%のクラウドネイティブ

Google は「**クラウドネイティブ**」です。

Google が開発当初から志向してきたクラウドとは、個々のデバイスではなく、クラウド上にデータやシステムを管理し、ネット経由で利用するスタイル。

1998年の創業以来、約20年間で約18兆円企業へと成長した Google。

その劇的成長を支えてきたグーグラーたちが、日々使いながら、現在も進化させ続けているのが Google のアプリ群です。

しかもリアルタイムで安全な情報共有を支える「クラウド100%」のツール。私たちは**無料で**その恩恵にあずかれるのです。

リモートワーク全盛の今、これを使わない手はありません。

実は「**クラウド**」という言葉が世界中で普及し始めたのは Google のエリック・シュミット元 CEO の「検索エンジン戦略会議」での発言[20] がきっかけだといわれています。

世の中にはさまざまなクラウドの定義がありますが、私の定義はこうです。

クラウドとは、インターネット経由でサービスを利用し、自分のデータだけでなく共有されたデータに、自分からアクセスするスタイル。

手元のパソコンやタブレットにソフトをインストール・更新・データ保存する必要がなく、**クラウド上の安全なサーバで一元管理**されているからこそ、全データが連携・再利用でき、劇的に効率がアップするのです。

しかも Google のセキュリティは世界最高水準。紛失や劣化の心配がな

---

[20] 出典:「エリック・シュミット 検索エンジン戦略会議の会話」Google プレスセンター 2006年8月9日
https://www.google.com/press/podium/ses2006.html（アクセス日：2020年10月18日）

く、いつでもどこでも必要なデータをすばやく見つけられる。最高のタイミングでパートナーと協働できるから 10X を実現できるのです。

　Google の100％クラウドを一度体験してしまうと元には戻れません。
　Google は、少なくともエリック・シュミット氏が「クラウド」と発言した2006年から一貫してクラウドによる解決策を模索し、進化し続けてきました。だから、「100％のクラウドネイティブ」といえるのです。
　Google のテクノロジーは増築に増築を重ねた建造物ではなく、最初から一つの目的に向かってデザインされた一貫性のある建造物なのです。

❷ 高性能な検索機能

　Google はもともと「検索エンジン」の会社ですから、検索機能も優れています。これまで「ファイル名」でしか検索できなかったのに対し、Google ドライブ 上に保存されているファイルは、すべて「全文検索」できます。
　その効果は、**これまで1時間かけても見つからなかったファイルがわずか1分で発見できる**ほど威力があります。
　OCR（光学文字認識、Optical Character Recognition）技術によって、ドライブ に保管しておくだけで、PDF ファイルも画像ファイルも、掲載された文字が読取可能となり、検索でヒットします。

「運動会」で検索した私の ドライブ では次の**図表2-12**のとおり、2つのファイルがヒットしました。
　まったく覚えがなく、ファイル名からも連想できなかったのですが、見事「運動会」の文字が検索結果から発見されて、驚きました。
　ウェブページや文書の中の文字を探すときは、Windows の場合は **[Ctrl]＋[F] キー**、Mac の場合は **[command]＋[F] キー**を押します。
　表示された検索ボックスに「運動会」と入力すると、ここでは92ページもある PDF の資料から23ページ目に、その文字列が1か所だけあったことが1分もかからずに判明しました。

さらに、ドライブ は、共有できるファイルストレージ。

つまり、あなたが自分で作成したファイルだけでなく、共有された同僚や上司が作成した過去の資料もすべて検索でき、情報資源として再利用ができるのです（**図表2-13**のようにキーワードとファイルの「オーナー」で検索可能）。

図表2-12 **Google ドライブ でPDFファイルも画像ファイルも全文検索**

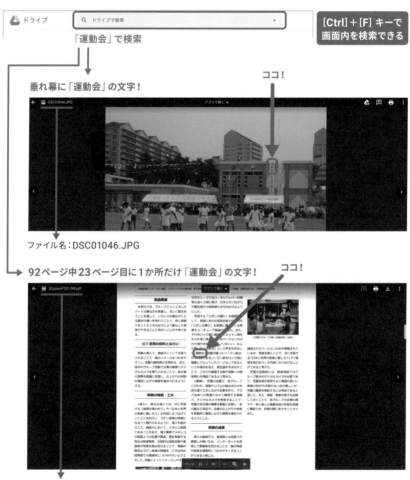

図表2-13　ドライブの検索で必要な情報に秒速アクセスできる

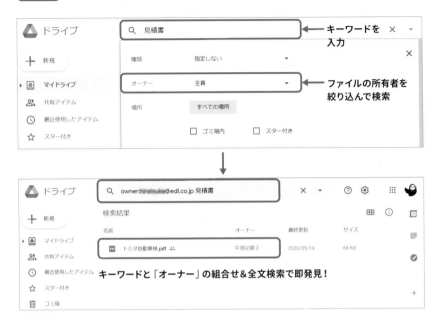

多くの会社で、業務の属人化が問題になっています。

人の引き出しの中を探すことはできません。しかし、Google ドライブ で**「共有」**して管理すれば、必要な人が、必要な情報をいつでもどこでも探せます。いちいち「あの資料、どこ行った？」と聞かれ、探して、渡す作業が一切不要。

もちろん、誰にいつまでどの権限でファイル共有するかは、ファイルを作成したり、ドライブ にアップロードしたりする「オーナー」に権限があります。メール添付で共有したファイルは行方不明になりますが、ドライブで共有したファイルは、いつまでも所有権を放棄する必要がありません。

必要な人に必要なタイミングで、必要な権限でアクセスしてもらえるよう、自分の所有する情報（データ）へのアクセス権を付与しておくと、関係者全員の生産性が高まります。

これがとても大切な**「共有（シェア）」**の概念です。

❸ Google のセキュリティは業界最高水準

いくら無料で便利だからといっても、Google にすべての情報を預け、誰とでも共有するのは本当にセキュリティ上、問題はないの？　と心配になるかもしれません。

Google はクラウドのパイオニアとして、クラウドモデルにおけるセキュリティの影響を十分に理解し、常に対策と検証を重ねています。その内容は毎年「Google のセキュリティに関するホワイトペーパー[21]」としてウェブ上で一般公開され、2019年版は17ページ（PDF版）にまとめられています。

これを読んでみると、Google のセキュリティ対策が、社内の運用・教育体制やセキュリティ技術、データ管理体制など多岐にわたり、注意深く取り組まれていることがわかります。

また、あまり知られていませんが、Google には700名以上のセキュリティエンジニアがいて、160を超えるセキュリティに関する研究論文を発表[22]しています。

Google は、独自設計のデータセンターやサーバから海底ファイバーケーブルまで、世界で最も安全で信頼性の高い設備を運用しています。その投資額は、**3年間で実に294億ドル**[23]（約3兆円）といいますから相当なものです。

日本でも、2019年に東京に次いで大阪に2か所目の Google のデータセンターが完成し、話題になりました。

Google データセンター内の様子は Google 公式サイト「About Google Data Centers [24]」で、動画やフォトギャラリーから見ることができます（図表2-14）。Google カラーでカラフルなパイプには、施設を冷却するための水が流れています。

---

[21] 出典：https://cloud.google.com/security/overview/whitepaper?hl=ja（アクセス日：2020年10月18日）
[22] 出典：Google パートナー資料より
[23] 出典：Google Cloud NEXT 2017での日本向け記者説明会（3月29日）での Google Cloud パートナービジネスマネージャー（当時）山本圭氏の発言による
[24] About Google Data Centers　https://www.google.com/about/datacenters/（アクセス日：2020年10月18日）

図表2-14 Google データセンター

(出典：Google サイト＊24)

Google の10X を支える
共有の「CCM」とは

　クラウドでの仕事が前提でなければ、リアルタイムでの情報共有はまずもって実現しません。ファイルをコピーして、そのつど新しい情報を複数のメンバーに配るのではなく、クラウドで一度に、常に全員で「共有」するから可能になる世界です。

　この共有（シェア）という概念を新しく打ち立て、世界で初めて実現させたといえるのはやはり Google です。情報のさまざまな種類、特徴に応じて複数のアプリをかけ合わせて使う。これはまったく新しいアイデアなのです。

「チームの働き方を変えるために必要なこと」

　そんなタイトルの1枚の資料が私の手元にあります。

　これは、Google がお客様にお見せするものとしてパートナー企業に限定的に共有している資料の一部。そのため、そのものズバリをここで公開することはできません。

　Google では、仕事のやり方を見直すために、アプリ群を組み合わせて情

報を1か所に集約するアイデアを推奨しています。この資料では、「コミュ
ニケーション」「コラボレーション」、そして「管理」で使うアプリが具体的
に列挙されています。これは「管理」を「マネジメント」と言い直したこと
以外、本書の基本となる考え方と同じです。そこでぜひ紹介したいと思い、
図表2-15に資料のイメージを再現しました。

図表2-15 「チームの働き方を変えるために必要なこと」資料再現イメージ

（出典：2020年2月に提供された Google 限定公開資料をもとに著者作成）

- **コミュニケーション**（**C**ommunication）
- **コラボレーション**（**C**ollaboration）
- **マネジメント**（**M**anagement）

本書では、この3つの頭文字を取って、「**CCM**」と名づけました[25]。

ビジネスにおいて、このコミュニケーション、コラボレーション、マネジ
メントのスキルが求められるのは、今に始まったことではありません。

しかし、Google の CCM は、従来のツールを使った古い CCM ではなく、
**リモートワークが前提となった with コロナ時代に通用する新しいクラウド
ツールとルールを採用した新しい CCM**。本書でお伝えしたいマルチアプ
リ・マルチユースです。

Google の資料には、各 CCM に5〜10個のアプリが掲載されています。
これを本書では、CCM それぞれ3アプリの計「9アプリ」に厳選（図表
2-16）。

---

*25 「CCM」は Google の公式略称ではない

図表2-16 リモート弱者の悩みを９アプリで一気に解決

悩み	新しいCCMで活躍する厳選９アプリ
会議・面談・商談 （社内メンバー）	コミュニケーション（Communication） 「Google カレンダー」 「Google Meet」 「Google Jamboard」
資料作成と確認・修正 （社内メンバー）	コラボレーション（Collaboration） 「Google フォーム」 「Google スプレッドシート」 「Google ドライブ」
管理・育成・指導 （社内メンバー、特に部下管理）	マネジメント（Management） 「Google Classroom」 「Google アカウント」 「Google Keep」

　たとえ今はリモート弱者でも、わずか**９アプリ**を活用するだけで、誰もが抱える悩みが解決します。すでに本章で紹介した Google スライド を入れると10アプリ。この10アプリで、あなたを、「IT の段差」のない 10X の世界に今すぐお連れします。

　しかも、この**10アプリはすべて「無料」**！
　まさに、知っているか知らないかで差がつく世界にあなたは生きているのです。
　では次章から CCM のトップバッター「Google 式10X コミュニケーション術」を紹介しましょう。
　マスターするのは厳選「3アプリ」だけ。スケジュール管理アプリ「**Google カレンダー**」、オンラインビデオ会議アプリ 「**Google Meet（ミート）**」、デジタルホワイトボードアプリ「**Google Jamboard（ジャムボード）**」。**10X** の世界を一歩一歩、一緒にたぐり寄せていきましょう。

Google では
「イノベーション」を何と呼ぶ？

そういえば、あなたは Google 創業者の名前を知っていますか。

答えは、ラリー・ペイジとセルゲイ・ブリン。これほど有名な会社なのに、名前を即答できる人は多いとはいえません。理由は何でしょうか。

私はこれこそが、Google が一人の天才ではなく、**チームの力でイノベーションを起こし続けている会社**である証拠だと思っています。ここが創業者が超有名なアップルやマイクロソフトとは違うところです。

それにしても、イノベーションという言葉。辞書の意味は知っていても、私には今一つピンときませんでした。

Google では、イノベーションをどのようにとらえているのでしょうか。

私が参加したシドニー研修の際、チャンスとばかりに、講師だったグーグラーに直接聞いてみました。

すると、すぐに彼女は 2011 年の東日本大震災の直後、Google が被災地のサポートに入ったときのエピソードを教えてくれたのです。

当時、彼女のアメリカ人の上司は口癖のように、

「東北にはイノベーションが必要だ！」

と熱く語っていたそうです。

被災地に「サポート」が必要なのはわかる。でもなぜ「イノベーション」なのか？

グーグラーである彼女も疑問に思い、上司におもいきって尋ねてみたそうです。すると、よくぞ聞いてくれた！　という顔で、

「昨日とは違う明日を、今日つくること。それが、イノベーションなんだよ」

と明快に答えてくれたとのこと。

この話を聞いて、私も「そうか」と目からウロコが落ちました。

実現したい未来（10X）のために、昨日とは違うアプローチで、今日もまた一歩近づく。それなら私たちもイノベーションが起こせそうです。

Chapter

3

Google式
10Xコミュニケーション術

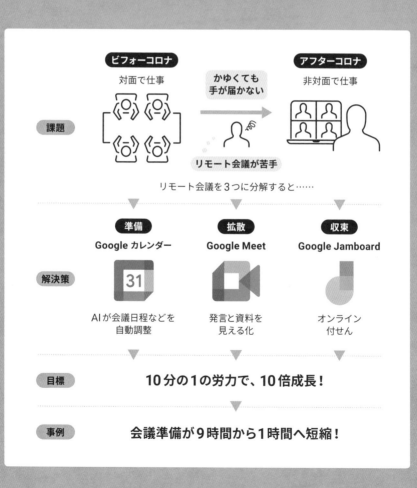

リモート会議は、
かゆいところに手が届かない!?

　会いたい人にも対面で話しにくい。マスクなしではお店にも入りにくい。

　新型コロナの影響とはいえ、誰もが夢にも思わなかった日常が到来しました。

　多くのビジネスパーソンが、モニターごしのコミュニケーションを強いられながら、リモート環境でも以前と同じ生産性を求められています。

　その中で最も悩ましいのが「リモート会議」。

　私のまわりでも、対面よりリモート会議のほうが疲れるという人が多いです。

　では、リモート弱者の最大の悩みとは何でしょう。

　ひと言で言えば、かゆいところに手が届かない歯がゆさだと思います。

（画面越しなので）「参加者の反応がつかみにくい」

（対面しないので）「意見がまとまりにくい」

（移動がないので）「会議の回数だけは増えたけれど、内容が充実しない」

　もしマネジャーとして部下をサポートし、チーム全体で目標達成に導きたいなら、そろそろリモート弱者を卒業しましょう。

　この章のゴールは、**10分の1の労力で10倍の成果**を出すこと。

　そのために、会議のプロセスをもう少し分解してみましょう。

　どう分解するか。会議で必要なプロセスは3つ。

「準備」→「拡散」→「収束」

　実は、このプロセスは、**Google の 10X の実現プロセス**と同じ。

　ここでは、これまで公に語られてこなかった**会議と Google の 10X 実現プロセスの関係**を紹介しましょう。

なぜ、会議と10X実現プロセスは 同じなのか？

「**10倍のスケールで考える 10X**」は **Google** の成功を支えてきた秘密として、昨今知られるようになってきました。

しかし、Google の **10X を実現するためのプロセス**についてはほとんど知られていないようです。

Google の研修で使われている スライド には「**10X を実現する3ステップ**」があります。

実は、私、2017年に Google シドニーで Google から直接研修を受けました。そこで初めて **10X は3ステップでできている**ことを知り、感動しました。そのときに使われていた英語のスライドをもとにつくり直したのが図表3-1です。

図表3-1　**3つのステップでデザイン思考**[26]：
Google におけるイノベーションの文化を構築する方法

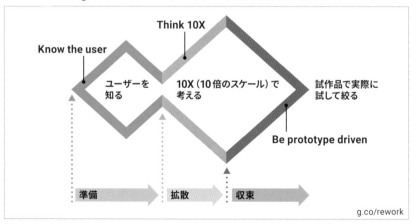

g.co/rework

（出典：Google サイト[27]より著者加筆）

---

[26] Google では、イノベーションプロセスの重要なステップである創造的思考をチームや個人に指導する方法の一つとして、デザイン思考を利用している

[27] 出典：https://rework.withgoogle.com/blog/new-re-work-guides-on-innovation/
（アクセス日：2020年10月18日）

次の3つのステップで 10X を実現していきます。

1️⃣ **準備（ユーザーを知る）**
2️⃣ **拡散（10X〈10倍のスケール〉で考える）**
3️⃣ **収束（試作品で実際に試して絞る）**

　まず、1️⃣ **準備**で、何（誰）のために 10X の目標を立てるのかを明確にする（Google では 10X で幸せにする対象を「ユーザー」としている）。
　次に、2️⃣ **拡散**で、"ムーンショット"と呼ばれる大きな目標を掲げる。
　最後に、3️⃣ **収束**で、是か非か、可か不可かを見極めるために試作品をスピーディに作成し、現実というフィルターにかけていく。具体的な行動に移さなければ「絵に描いた餅」だからです。

　このように、10X の実現プロセスは、実は会議の「**準備**」→「**拡散**」→「**収束**」とまったく同じだったのです！
　では、これら3つのプロセスで使う3つの厳選アプリを紹介しましょう。

リモート会議が劇的改善する 3つのアプリ

リモート会議が劇的改善するアプリは、次の3つです。

Google カレンダー	Google Meet	Google Jamboard
31		
スケジュール管理	オンラインビデオ会議	デジタルホワイトボード
準備	拡散	収束

準備：【Google カレンダー】

Google カレンダー は、スケジュール管理アプリ。予定の作成や編集をブラウザで直接行うことができます。

Google の AI が参加予定者全員の日程調整を自動化してくれ、大変便利です。

いちいち相手に聞いたり、見比べながら空いている日時を確認したりしなくても、AI が候補日時を一覧で「見える化」してくれます。

他にも、**出欠管理、会議資料の配付、直前のリマインダーまで、すべてが自動化**され、Google カレンダー だけですべてが完結します。

拡散：【Google Meet】

リモート会議に使えるアプリはたくさんありますが、Google が提供しているサービスが Google Meet です。

Google Meet の最大の強みは、**会議の開催設定がラク**なことです。

Zoom を使うと、主催者は毎回会議を設定し、招待状を発行しなければなりませんし、招待者側も開催通知を過去のメールやメッセンジャーからいちいち探し出さなければいけません。

その点、**Google Meet はとてもラク。Google カレンダー で［予定］に会議出席者を追加するだけで完了**します。

招待メールは自動配信。さらに、相手の カレンダー にも予定が自動的に追加されます。

当日は、カレンダー の［予定］、Meet のホーム画面、さらに会議リンクのどこからでも参加できます。そのため**会議の主催者だけでなく、招待者も会議リンクを探さなくてすむのでストレスゼロ**です。

このツールだけでもリモート会議はできますが、リモート強者になるには、強力なのに多くの人がその存在を知らない「**Jamboard（ジャムボード）**」を組み合わせる必要があります。

収束：【Google Jamboard】

Google Jamboard は、Google の**ビジネス向けデジタルホワイトボードアプリ**。Google アカウントさえあれば、無料で利用できるスグレモノです。

Jamboard は非常に軽く、反応がよく、私が頼りにする敏腕経営コンサルタントの激推しアプリです。

従来のホワイトボードを使うときと同じような感覚で、［フレーム］と呼ばれる画面上に手書きでメモを取ったり、描画したりできます。

また、付せんのようにペタペタ貼ることもできるので、離れていても会議の参加者から次々アイデアを出してもらいやすい環境がつくれます。

あらゆる端末でリアルタイムに共有できるので、対面会議以上のポテンシャルを発揮します。

では、リモート強者は、この3つの強力なアプリをどのように組み合わせ、武器としているのでしょうか。

まずは**準備プロセス**から見ていきましょう。

1

準備プロセス
「Google カレンダー」が
ラクラク全自動管理！

会議を始める前に必要なのは**調整**です。

以前は対面で声をかけ合い、日程調整はすぐに完了しました。

しかし、リモート環境では日程調整や出欠管理で大量のメールの往復が発生。多くの人が歯がゆさを感じています。

そんな方々に朗報です。

今日から**リモート会議のほうが、対面会議より会議前調整はラク**だと発想をチェンジしてください。

使うアプリは、**Google カレンダー**。どう使えば、わずらわしい会議調整を自動で解決できるか見ていきましょう。

あれっ？　どうやって カレンダー にアクセスするかわからない？

Google のアプリは常にブラウザで使いますから、次の手順でやってみましょう。

Google のアプリを開く

前章で、Chrome ブラウザのアドレスバーに直接 URL を入力し、Google スライド の新規作成画面を表示させる超時短技を紹介しましたが、ここでは **[ランチャー]** から、アプリにアクセスする方法を紹介します。

こちらの方法だとワンクリックでカンタンです。

Google のアプリ群、たとえば Gmail や Google 検索 の画面から一発でカレンダー にアクセスできます。ある場所をクリックするだけ。

さあ、どこでしょう？

画面の右上に、ルービックキューブ®のような9つの点々があります。ここです。これをアプリの [ランチャー] と呼びます。

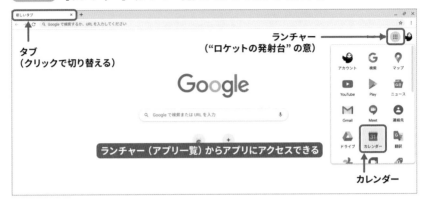

［ランチャー］はロケットの発射台という意味で、ロケットを発射させるように アプリが別のタブで次々と開きます。

［タブ］は、**図表3-2**の画面の左上に耳たぶのように表示される［新しいタブ］という部分です。［タブ］をクリックすると、画面を切り替えられ、作業スペースをバーチャル上にどんどん広げられるのです。

では、カレンダー で会議の日程調整をやってみましょう。

本人に尋ねなくても 日程調整完了

カレンダー を使えば、**ワンクリックで他のメンバーの予定が「見える化」** できます。

もちろん、何もしないのに相手の予定が全部見えてしまうことはありません。

無料の Gmail アカウントユーザー同士の場合[28] は、必ず**共有設定**が必要です。

まずあなたがやるべきことは、相手がいつも使っている カレンダー に

---

*28　Google Workspace を利用しているユーザーは、基本的に社内のメンバーの予定が最初から共有されている

「共有」を許可してもらうこと。その際、カレンダー の予定を内容まですべて見せるのか、あるいは予定が入っていることだけを共有するのか、本人が設定できます。

事前に共有を許可する

どうやって相手はあなたを「許可」するのでしょうか。

カレンダー を表示させ、画面の左側を見てください（図表3-3）。

［マイカレンダー］の下に自分の名前がありませんか。

ここでは「小野崎麗子」さんが自分の カレンダー を私に共有しようとしています。

その右横にある3点リーダー［⋮］をクリックすると、**2** の画面になり、続いて **5** まで下記の手順で設定します。

図表3-3　Google カレンダー の共有設定方法

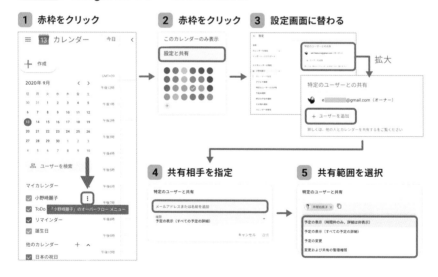

2 の［設定と共有］をクリックすると、**3** 設定画面に替わり、［特定のユーザーとの共有］画面で［＋ユーザーを追加］をクリックし、**4** で共有相手を指定します。

予定を共有する相手をメールアドレスや名前で指定したら、次はどの権限で共有するか、共有を許可する範囲を決定します。 **5** にあるとおり、権限は4種類ありますが、カレンダー の予定は、［予定の表示（時間枠のみ、詳細は非表示）］で共有すれば OK です。

　一度共有を許可すれば、いつでも必要なときに、互いにスケジュールの空き状況を相手の時間を大切にしながら確認できるようになります。

会議のスケジュールを AI が調整する

　次に、どうやって日程調整を カレンダー に任せるのでしょうか。

　図表3-4のとおり3つのステップがあります。まず **1** ［ランチャー］から「**始める**」。会議の主催者は、**自分の カレンダー** を立ち上げます。次に **2** 予定を「**つくる**」。カレンダー 上の適当な日時をクリックして **［予定］** を追加します。会議の名前をタイトルに追加し、この［予定］に名前をつけます。ここでは「**10X ショート MTG**」と入力してみます。

図表3-4 **Google カレンダー の基本操作**

31 **カレンダー の3ステップ**

　最後に　**3**　［ゲストを追加］して「**共有**」する。会議の「参加者」を、**[ゲ
ストを追加]** 欄にメールアドレスや名前を入力して追加します。

　［ゲストを追加］した途端、真上に表示されていた **[時間を探す]** が目立つ
ように青色で表示されました。ここをクリックすれば、カレンダー の AI が
ゲストの空き時間を探してくれます。

図表3-5　**AI が相手の予定を見える化**

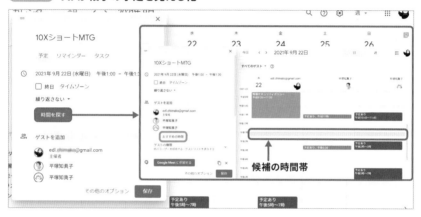

候補の時間帯

　図表3-5の カレンダー でグレーになっているところが、候補の時間帯で
す。ちょうど相手の予定が空いていることがわかります。グレーの帯は、ク
リックした指をそのまま押さえて好きな場所へ移動できます。

　また、［おすすめの時間］で AI が候補を一覧表示してくれます（緑の枠
参照）。

　時間が決定したら、最後は［保存］をクリックで、日程調整は完了です。

　登録と同時に、ゲストにメールで通知するかどうか、確認表示が出されま
す。［送信］を選ぶと、カレンダー から、通知メールが自動配信されます
（別途メールソフトを立ち上げて連絡する手間が省ける）。予定が変更される
たびに、通知を送るかどうかの確認が表示されます。

開催通知と出欠連絡は
ワンクリックで OK

さあ、会議の設定が完了しました。

空いている日程で調整したので、相手には参加してもらえるはずです。

とはいえ、相手からの出欠の意思表示は必要です。

今まではメール、電話、FAX で出欠を連絡。これからは カレンダー で**ワンクリックで完了**できます。これを機にメールの「行ったり来たり」はチームみんなで卒業しましょう。

図表3-6　「ゲスト」の カレンダー に[予定]が自動追加され、
出欠連絡はワンクリックで完了

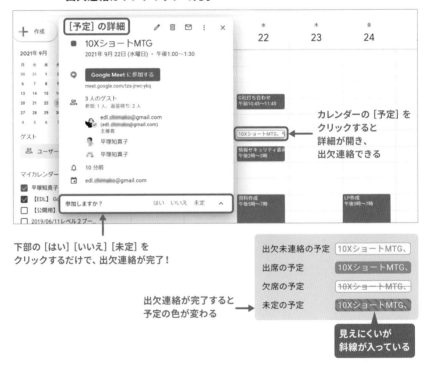

「主催者」が自分の カレンダー に会議の［予定］を登録すると、その瞬間、**ゲストの カレンダー も同期して同じ予定が表示**されます。

　まだ出欠連絡をしていない［予定］は、**図表3-6**「出欠未連絡の予定」のように白背景で表示されています。クリックして［予定の詳細］を開いて返信すると、［予定］が色つきになって表示が変わります。

　主催者だけでなく**「参加メンバー全員」がワンクリックで完了**するので、**双方の時間が大幅に短縮**できます。

　一方、ゲストにはメールでも通知が届きます。

　Google アカウントを持っていない参加者は、Google カレンダー が使えません。しかし、この招待メールから出欠連絡をすることができます。この場合も、メールに表示されている［はい］［いいえ］［未定］のどれかをワンクリックするだけで出欠連絡完了です。

図表3-7　カレンダー の自動通知メールからも出欠連絡が可能

「ゲスト」には、「主催者」からこんなふうにメールが届きます！

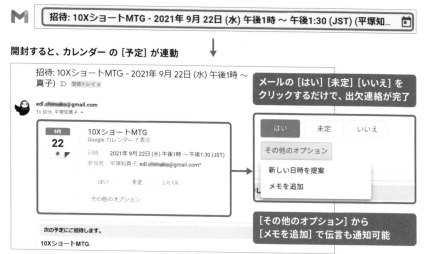

さらに、［その他のオプション］をクリックすると、「10分遅れます」など

の［メモを追加］や、主催者に［新しい日時を提案］することができます（図表3-7）。ただし、こちらは Google アカウントでのログインが要求されます。

以前は、出欠連絡を受けた主催者はその結果を Excel などに入力しリスト化。印刷して会議当日に配付していました。

Google なら、ゲスト本人の カレンダー の予定に出欠リストが表示され、自分だけでなく、会議のゲスト全員の状況をリアルタイムで共有できるのです。最新情報もスマホから把握でき、プリントアウトも不要です。

図表3-8 をご覧ください。

出欠連絡がこないメンバーへ主催者からリマインドメールを送る際にも、カレンダー の予定からワンクリックで完了です。予定が「未定」になっているメンバーにだけ、直接メールを送信できるので手間が省けます。連絡を受けたゲストはスマホからでもメールからでも、すぐに返信できます。

図表3-8 **「主催者」の カレンダー には出欠連絡が自動で集約**

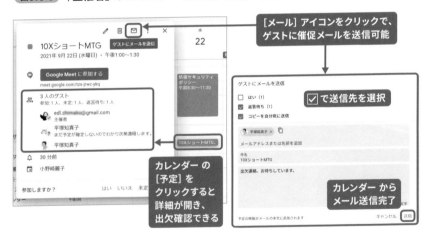

このように双方に負担がかからないコミュニケーションの集約によって**あっというまに 10X 化**できます。

社内会議なら、もし日程変更する必要が生じても、参加者にメールや電話で説明せず、「カレンダー から日程を変更してメール通知」と決めたらどう

でしょう。そんな新ルールになれば、全員がハッピーに時短できます。

　変更の通知メールに、ルールを変更した理由を追加しておけば十分です。

　やらないことを決めることも重要です。

　普段 Google カレンダー を使っている人は多いでしょう。

　ぜひ自分の カレンダー で、ゲストを招待して実際にやってみてください。

　互いにリモート下にあるからこそ、業務で カレンダー を使おうという提案が受け入れられやすいので、今がチャンスです。

　業務がラクになる機能はまだまだあります。

　資料配付、会議リンク通知など、カレンダー で今よりラクになる方法を紹介しましょう。

資料・会議リンクの 配付不要でも問題なし

　会議参加者には招待メールを自動送信完了。メンバーからは続々出欠連絡がきています。会議開催前にやるべきことは、残すところ資料の共有と開催場所の通知だけ。

　会議リンクの通知が必要となるリモート会議だと、いったんオンライン会議システムを立ち上げ会議リンクを発行し、別途メールなどで連絡する手間がかかっていました。

　Google なら、**会議リンク配付は不要**です。これは カレンダー の **[予定]** に「ゲスト」を追加すると、**Google Meet の会議リンクが全員の予定に自動的に追加**されるからです。

　当日は、**自分の カレンダー の [予定] を見るだけで、会議リンクが必ずある**。だからすぐ見つかります。

　これは、カレンダー と Google Meet がデータ連携しているからこそできる技。あなたが何もしなくても、Google でつながっている相手にはすべて自動的に情報共有が完了します。

図表3-9 **Google Meet で参加する会議へのアクセス方法**

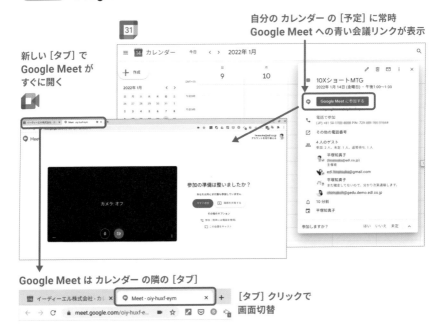

自分の カレンダー の［予定］に常時
Google Meet への青い会議リンクが表示

新しい［タブ］で
Google Meet が
すぐに開く

Google Meet は カレンダー の隣の［タブ］

［タブ］クリックで
画面切替

　なお、カレンダー で図表3-9のように、青い会議リンクから Google Meet
にアクセスすると、自動的に Google Meet の画面にすぐに切り替わります。
画面上部の［タブ］を確認すると、カレンダー のすぐ右隣に Google Meet
が開いていることがわかります。必要に応じて［タブ］をクリックして、画
面を切り替えましょう。

　さらに カレンダー の**［予定］には会議資料をすべて追加**することができ
ます。一度登録した［予定］に資料を追加するには、詳細画面から［鉛筆］
アイコンをクリックし、「編集画面」を表示させます（**図表3-10**）。

　編集画面の下部に、説明や資料を追加できるところがあります。ここで
［クリップ］アイコンをクリックして、添付ファイルを選択しましょう。
　Google アカウントでひもづけられた Google ドライブ のファイルが［最

図表3-10　カレンダー の［予定］に会議資料を添付する

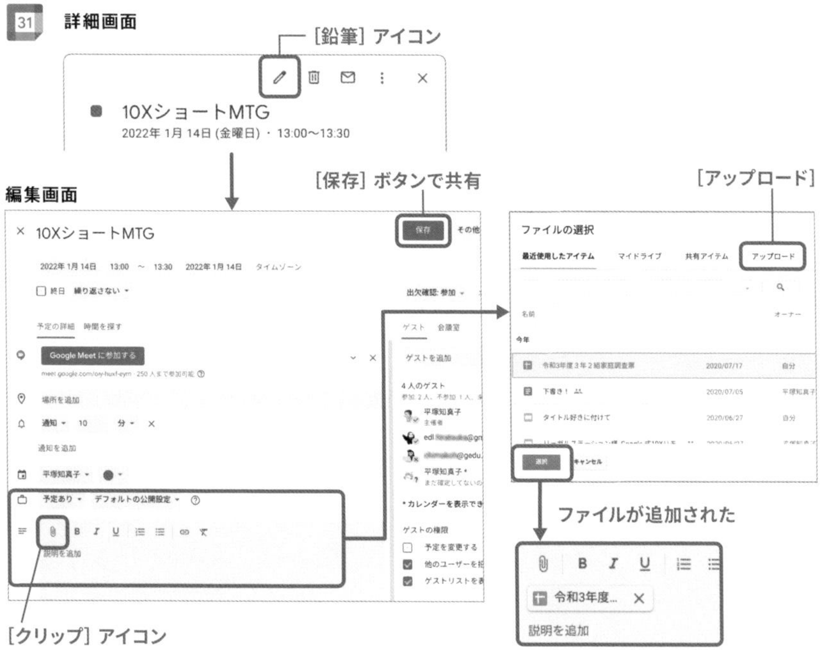

31　詳細画面

［鉛筆］アイコン

● 10XショートMTG
2022年 1月 14日 (金曜日)・13:00〜13:30

編集画面

［保存］ボタンで共有

［アップロード］

× 10XショートMTG

ファイルの選択

近使用したアイテム］［マイドライブ］などのメニューから選択できます。デバイスに保存したファイルをアップロードしたいときは［アップロード］を選びます。

　表示されたファイルをクリックして［選択］の青いボタンをクリックすると、ファイルが［予定］に追加されます。

　表示されたとおりにクリックしていくだけなので、作業は難しくありません。ここに添付した資料は、画面右上の［保存］ボタンでゲスト全員に共有されます。会議に必要なファイルをすべて集約できます。

　これも、カレンダー と ドライブ が Google アカウントでシームレスにデータ連携されているから。特にファイルはセキュリティが重要です。そこで、カレンダー の［予定］は共有されていても、ファイルを共有してもいいか、別の確認が必要となります。ここも Google によって自動化されています。

　このように、ファイルの共有設定も カレンダー から実行できるのです（図表3-11）。

　しかも、会議前に添付されたファイルに、会議直前になって変更・追記があっても、あなたは何もしなくていい。ファイルは［ゲスト］にも「同期」されているので、いつでもそのときの最新の状態で閲覧してもらえます。Google の調査によれば、共有相手がデータを更新した際、その変更が自分の画面に反映されるまでの時間が98％短縮[29] します。

Google の AI と機械学習

　突然ですが、あなたは、AI というと、どんなイメージをお持ちですか。

　驚くべきことに学術的な AI の定義は、はっきりと決まっていないようです。Google が開発した「AlphaGo」という AI は、当時の囲碁界トップ棋士を破るという偉業を果たしました。しかし、Google ではアプリに搭載している「AI」について、あえて**「機械学習」**と呼んでいます。

---

*29　出典：Principled Technologies 社が作成した「Google ドキュメント と Microsoft Word Online の比較」
https://lp.google-mkto.com/rs/248-TPC-286/images/Principled-Tech-G-Suite-Collaboration-Paris.pdf
（アクセス日：2020年10月18日）

　機械学習は多数の事例を収集し、その事例を説明するパターンを見つけ出します。そして、そのパターンを使って新しい事例について予測するのです。

　メール管理、文書の書式設定、デザインの提案、グラフの作成……。Google では、仕事の生産性を劇的に下げる雑務時間を「**オーバーヘッド**」と呼んでいます。オーバーヘッドはあちこちで発生しています。

　マッキンゼー*30 の調査によれば、平均的なビジネスパーソンが、最も重要な業務に使える時間は、2016 年時点で46％から39％に減少*31 しています。

　この状況を改善するのが、**機械学習**です。

　すでに紹介したように、スライド 、カレンダー をはじめ、Google は無料のアプリ群にも、この機械学習機能を惜しみなく追加しています。

　前章で音声入力について、「単語だけでなく文脈まで理解している」と触れましたが、2017 年に Gmail に実装された「**スマートリプライ**」機能も象徴的な進化でした。

　これは日常のメールを機械が学習し、受信メールへの返信候補を 3 つ提示してくれる機能です。**相手に合わせて独自に文章を考えるクリエイティブな部分だけを人が書き、他のルーティンは機械が埋める**。そんな機能もあるのです（もちろん誰かがメールを盗み読みしているわけではありませんのでご安心を）。

　AI による経済効果は、今後 10 年間で 13 兆ドルにのぼると予想されています。マッキンゼーの調査によると、このテクノロジーを完全に取り込めた企業のキャッシュフローはその時点までに 2 倍となり、それができなかった企業は 20％減少する可能性がある*32 といわれています。

　まずは Google のアプリ群に標準装備された機械学習を使って、徐々に慣れていくのはいかがでしょうか。

---

*30　マッキンゼー・アンド・カンパニー（McKinsey & Company, Inc.）は、アメリカに本社を置く大手コンサルティング会社

*31　出典：「社会経済：ソーシャルテクノロジーによる価値と生産性の向上」
　　 https://www.mckinsey.com/industries/technology-media-and-telecommunications/our-insights/the-social-economy（アクセス日：2020 年 10 月 18 日）

*32　出典：「AI の世界経済への影響をモデリングする」
　　 https://www.mckinsey.com/featured-insights/artificial-intelligence/notes-from-the-ai-frontier-modeling-the-impact-of-ai-on-the-world-economy（アクセス日：2020 年 10 月 18 日）

2

拡散プロセス

顧客満足度No.1
「Google Meet」で10X 会議

あなたは、対面リアル会議と非対面リモート会議において、参加者に非常に大きな影響をもたらしている違いをご存じでしょうか。

それは、「**見えている景色が違う**」ということです。

リモートの場合、参加者が得られる視覚情報は、それぞれのモニターのサイズに限定されてしまいます。この極めて限定されたスペースでは、これまであたりまえに共有できていた**同じ景色を見る**ことができなくなるのも当然。この点が、リモート会議の最大の難しさなのです。

ところが、そんな難所をラクラククリアするのが Google のウェブ会議アプリ「**Google Meet**」です。「J.D. パワー 2020 年 WEB 会議システム顧客満足度調査」では見事、第1位を獲得しました。

Zoom、Teams などウェブ会議アプリはたくさんありますが、Google Meet の長所は Google の他のサービスと密接に連携されているところです。

さらに、Google が提供する他のサービス同様、Google Meet も常に安全に使えるように設計・構築・運用されています。その**品質と信頼性**が大きな魅力となっています。

2020年1月以降、Google Meet の1日の利用者数は全世界で30倍以上に増加。ついに1億人を突破しました。2020年4月の利用時間の合計は全世界で毎日30億分以上。世界中で日々約300万人の新規ユーザーが増えていますが、システムの堅牢性はダントツ。まったくビクともしていません。

Google Meet は新型コロナで急増したオンライン会議ニーズに対応するため、ブレイクアウトルームや管理機能の強化、雑音を自動的に消したり、背景をボカしてプライバシーを守ったりするなど、極めて短期間に数々の進歩を遂げたアプリです。今後も「ピクチャー・イン・ピクチャー」という、ドキュメント や スプレッドシート などを同時編集する際に Google Meet に参加している人の顔を作業しながら見られる機能などが追加される予定で

す。もっとカンタンにコラボレーションでき、最も重要なことに時間をかけたり、人とのつながりを育んだりすることができるようになります。

　それでは、Google Meet にアクセスするところから始めていきましょう。

[Google アカウントを持っていない場合]

　Google アカウントを持っていない場合は、主催者からのメールや SNS などのメッセンジャーから通知された https://meet.google.com/xxxxx のような**[会議コード]をクリック**します。

　Google Meet が開き、名前を入力して、[参加をリクエスト]をクリックすると、リクエスト画面に切り替わります（図表3-12）。会議の主催者がリクエストを承諾すると、すぐに参加できます。

[Google アカウント保持者]

　Google アカウント保持者は、Google カレンダー を使うのがおすすめ。

図表3-12　Google Meet に参加する／参加を承認する

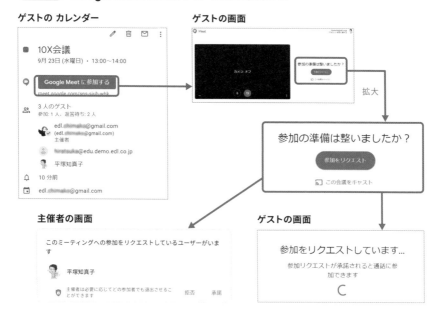

自分の カレンダー の予定を開き、**[Google Meet に参加する] という青色のリンクボタンをクリックするだけ**で参加できます（前ページ図表3-12）。

リモート会議の成功のカギは、参加者にいかに主体的に参加してもらうかです。Google では、どんな工夫をしているのでしょうか。

海外の Google オフィスでの私の体験を共有します。

みんなにどんどん発言させる
Google の仕掛け

高く打ち上げられたボールを内野手と外野手が遠慮し合って「お見合い」するのは、少年野球で遭遇する光景ですが、リモート会議の場でも起きていませんか。

遠慮して発言しないうちに、言いたいことも話しにくくなってしまう。声を出した途端に、相手が話したので急遽発言を引っ込める。あるあるの光景です。

実は真のリモート強者は、**心理的安全性**をメンバー全員に提供しています。

心理的安全性とは、**一人ひとりが恐怖や不安を感じることなく、安心して発言や行動ができる状態**のことで、実は、Google のリサーチチームが「チームのパフォーマンス向上のためには、心理的安全性を高める必要がある」と発見・発表[33]したものです。

2017年12月、私は Google シドニーで開催されたパートナー企業限定の研修に参加しました。そこで初めて海外にある Google の会議室に足を踏み入れたのです。そのとき、衝撃の光景を目にしました。お見せできないのが残念なぐらい、壮絶な会議室……。

その会議室の壁には、なんとピンク、黄、緑、青といったペンキが乱暴に塗りたくられていました。その余波はテーブルの上にまで飛び散っています。

＊33　出典：Google re:Work ガイド「効果的なチームとは何か」を知る
　　　https://rework.withgoogle.com/jp/guides/understanding-team-effectiveness/steps/introduction/
　　　（アクセス日：2020年10月18日）

会議室の隅には、ペンキで汚れた作業着までわざと残されていました。

　お世辞にもお行儀がいいとは言えない、このインテリアデザインは何を意図したものだったのでしょうか？

　実は、これこそGoogle式、心理的安全性を体感してもらう仕掛けだったのです。

　これは、Googleが大切にするイノベーションを生み出すための環境づくり。つまり、**「どんどん汚していい、失敗していい」**というメッセージなのです。

　その強烈なメッセージは心理的安全性につながり、会議では活発な発言が飛び交いました。わからないことはどんどん質問して正解。「ここは空気を読んで、発言は控えておこう」という日本企業の雰囲気とは**真逆**です。

　Googleでは人間の**視覚**を効果的に使っていました。

　これからのリモート環境でリーダーやマネジャーは、みんなの不安を和らげ、心理的安全性を高めるために、視覚を意識して活用する必要があるのです。

チャットを使って、話すと書くを「行ったり来たり」

　声の大きいおじさんが一方的に話し、まわりの若手社員が黙り込む会議。

　Google Meetには、これを大きく改善できる機能があります。

　それが、**チャット機能**。この機能を使うことで各自の発言を**見える化**できます。

　Meet画面右上にある［吹き出し］アイコンをクリックすると、チャットが右側に開きます（次ページ図表3-13）。

「画面を見ながら話すだけで精一杯。チャットまで見ている余裕なんてまるでないよ」

　そう思っていませんか？

　話すだけの情報共有より、チャット機能を使ったほうが、情報がすんなり頭に入ってきます。それに記録としても残るので、とっても便利なのです。

Google Meet のチャットは画面右上の [吹き出し] アイコンから表示

拡大

[吹き出し] アイコン

ただ、顔を見て話すのではなく、
「話す」と「書く」を行ったり来たり。
これが生産性を10倍に高めるコツ！

ビデオ会議をしながら、チャットするメリット
- 相手の反応がつかめる
- 短い時間で、言語化され、全員の「頭の中が見える化」
  される
- ただ聞いているだけより、当事者意識が芽生える

「話す」と「書く」を行ったり来たりすることで、リモートの制約をあっさり乗り越え、さらにパワフルに使いこなせます。

チャットを使う場面は、次の3つがおすすめです。

① 意見やアイデアをどんどん出してもらいたいとき
② 誰かの発言をタイムリーに共有、深化させたいとき
③ 双方向のやりとりをリズミカルに行いたいとき

「話す」に加えて「書く」、さらに続いてリモートでも「見せる」という技が使えます。ぜひ覚えておきましょう。

「画面共有」で離れていても資料を見える化

チャットのおかげで、会議がいい感じで盛り上がってきました。

メンバーからは、さまざまな情報が提供されてきます。

ここで、数日前に集計したアンケート調査の結果が会議中に話題になったとしましょう。

こんなとき、以前なら「あの資料ですね。取ってきます」と担当者は自分の机に走って戻り、コピーを取ってすぐに全員に配付していたはずです。

しかし、リモート会議だったら難しいですよね。

追加資料は、メール添付で全員に送ってもらいますか？

口頭でのやりとりだけだと、議論が空転してしまう「空中戦会議」になってしまうかもしれません。

そこで、**「画面共有」**の出番です。

自分の見ている画面そのものを、参加者にそのまま「見せる」ことができます。

この画面共有に慣れてしまうと、意外にも**対面の場面でも非常に役立ちます**。自分または相手の見ている画面を、移動して覗き込む必要がなくなるからです。

画面共有の手順は、次の**図表3-14**のとおり、4回クリックするだけ。慣れれば1分かからずにできます。

ちなみに、ある企業の調査によれば、OS別に調査した結果、Google Meet は画面共有開始までの時間がなんと1.3秒から2.1秒。他のツールに比べて91％も短縮[34]。画面共有に遅延がないのです。

---

[34] 出典：Principled Technologies 社が作成した「Google ハングアウトと Skype for Business の比較」（3ページ）https://lp.google-mkto.com/rs/248-TPC-286/images/Principled-Tech-G-Suite-Video-Conferencing-Paris.pdf（アクセス日：2020年10月18日）

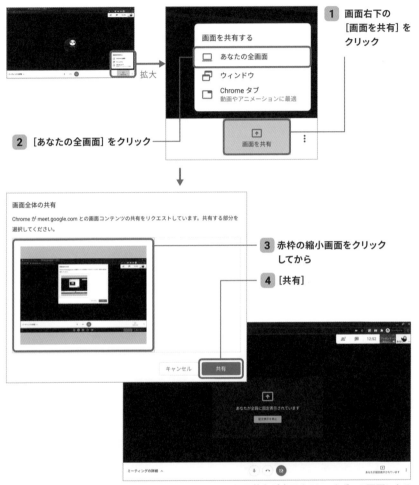

図表3-14 自分の見ている画面を相手に共有する

1 画面右下の
[画面を共有] を
クリック

画面を共有する

あなたの全画面

ウィンドウ

Chrome タブ
動画やアニメーションに最適

拡大

2 [あなたの全画面] をクリック

画面を共有

画面全体の共有

Chrome が meet.google.com との画面コンテンツの共有をリクエストしています。共有する部分を
選択してください。

3 赤枠の縮小画面をクリック
してから

4 [共有]

キャンセル　　共有

画面共有が完了すると、まずこの画面になる

[あなたが全員に固定表示されています] と表示されたら完了です。

タブを切り替えて、見せたい画面を自分も見ながら話し始めましょう。

議論が活発化し、十分話題が出尽くしたところで、いよいよ会議の肝心要
「○○」です。

3

収束プロセス

期待の超新星「Jamboard」で
明日の一歩を一緒に決める

　こうして拡散プロセスで盛り上がった会議も、そろそろ「落としどころ」
を見つけるタイミング。会議の肝心要の「○○」とは何でしょうか。
「収束」です。

　明日の一歩をどう踏み出すのかが決まらないと、会議の意味がありません。

　しかし、現状では、メリットもデメリットも、意見も感想も空中戦。チャッ
ト上の発言も文字の羅列でどんどん流れていくので、会議を収束させるのは
至難の業。

　どうやって会議を収束していけばいいのでしょうか。

　これが、リモート会議の最大のアキレス腱といえるでしょう。

　出された意見、ひらめいたアイデアを実行に移し、成果を出すには**取捨選
択**が必須。

　そんなときのお役立ちツールが、ポスト・イット®、つまり**付せん**です。

　付せんなら、貼ったりはがしたりと、場所を自由自在に変更できます。

　優先順位を決めるときなども、位置を移動させることで、思考が集中して
いきます。

　対面会議では、一堂が会する会議室のホワイトボードを使って、付せんに
よる整理法でうまく収束できました。

　しかし、リモート会議では非常に難しい状況です。

　こんな状況では、目には見えない情報整理の達人・リモート強者でも、も
しやお手上げ？　いえいえ、ご安心ください。

　Google には、**デジタルホワイトボードツール**があるのをご存じでしょう
か。敏腕経営コンサルタントも絶賛！

　サクサク動く **Jamboard**（ジャムボード）を紹介しましょう。

リモート会議の最難関
「合意形成」もラクラク

Jamboard は、共同作業に最適な**デジタルホワイトボード**です。

リモートからでも、リアルタイムでカンタンに**アイデアを形にして共有**できます。

Jamboard の「**Jam**」とは、ジャム・セッションなどで使われる「**即興的**」という意味。そして Jamboard では、ファイルのことを「Jam」と呼び、1枚1枚のページに相当するものを「フレーム」と呼んでいます。一つのJam につき最大20フレームを作成できます。

Jam は「共同編集者」を指定でき、一つの Jam 上で**最大50人**が同時に作業できます。

従来は、会議前に紙の付せんを各色準備する必要があり、終了後は付せんを捨てていました。「時間切れ、続きは次回」というときも、付せんをそのままにしておくわけにはいきません。一つでも付せんがなくならないように気を遣いました。

一方、Jamboard は動作が軽く、スマホでも低スペックなノートパソコンでも、サクサク動きます。離れた場所でも同じホワイトボードを見ることができます。

また、Jam は保存できるため、会議が中断したとしても、すぐに再開でき、アイデアが途切れることはありません。PDF や画像としても保存できるので、**共有や管理のストレスがゼロ**です。ホワイトボードの写真を撮って、後から送り合うようなことも不要になります。

あなたの［ランチャー］にも、Jamboard のアイコンが隠れていませんか？　ぜひ、開いてみてください。

図表3-15のとおり、画面左にタテに表示されているアイコンから、ペン、消しゴム、付せん、画像、ポインタなどが使えます。付せんは正方形のみ、4種6色という制約があるからこそ、デザインの詳細にとらわれず、**参加者**

図表3-15 **Jamboard** の基本操作

 Jamboard の3ステップ

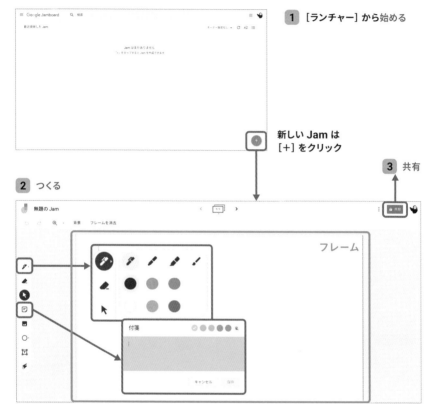

1 ［ランチャー］から始める

新しい **Jam** は
［＋］をクリック

3 共有

2 つくる

フレーム

の意識がコンテンツに集中します。Jamboard のシンプルさ、軽量さのおかげで、ブレスト*35やまとめの「作業に集中」できるのです。

　また、Jamboard の付せんは、後からでも色を変えられるので、最終的に意見やアイデアをグルーピングするときにも、きれいに表示できます。

＊35「ブレーンストーミングの略。米国で開発された集団的思考の技術。自由な雰囲気で、他を批判せずにアイデアを出し合い、最終的に一定の課題によりよい解決を得ようとする方法」（出典：小学館「デジタル大辞泉」）

さて、会議の場面に戻りましょう。

　Jamboard を立ち上げ、**画面共有**したら、こんなふうに声をかけて始めます。

「チャットで出された意見の中から、**対策が必要なことやお悩みだけを拾い上げていきます**」

リモートでも同じ景色を見ているからみんな納得

　まず、参加者の目の前で、チャットに出された意見を絞り込み、Jamboardの四角い付せんに短い言葉で改めて「見える化」していきましょう。

　こうすれば、リモートでも画面共有された **Jamboard に参加者全員の意識を集中**させることができます。図表3-16のように、カメラでホワイトボードを映すよりも断然見やすいです。

　この状態で、会議で出された意見をもう一度、全員で振り返ることができます。

　このように、あえて**同じ色**の付せんでどんどん書き出します。

図表3-16　Jamboard に意見を付せんで書き出す（順不同で見える化）

この後、収束のテクニック、**「分けて、捨てる」**を実践していきましょう。

❶ **2分法**と ❷ **マトリクス**の**2つの技法**で「収束」をアシストしていきます。

❶ **2分法**

真ん中に、ペンを使ってタテに一本線を引きます（図表3-17）。

このとき、「付せん」の存在は気にしなくて OK。付せんを移動させるとわかりますが、付せんの上に線を引いても、色はつきません。

これで画面が2つに分かれました。

ここで、たとえば、左側を「お金も時間もかからないこと」、右側を「お金も時間もかかること」に分けます。そして、参加者の目の前で付せんを「これは、右」と「これは、左」とマウスの「左ボタン」を押したまま、マウスポインタを目的の場所まで移動させ（ドラッグ）、移動できたら「左ボタン」を離す（ドロップ）という操作で、分類していきます。

図表3-17　**2つに分けて、付せんをドラッグで移動する（分けて、捨てる）**

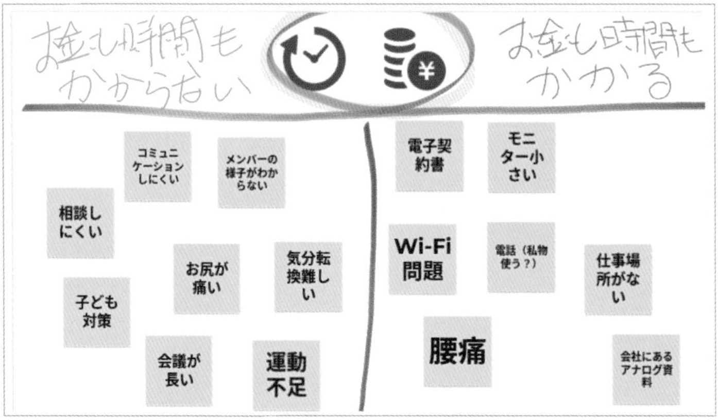

目の前にある付せんが動き、分類されていく様子は、視覚で確認できるので、わかりやすく楽しいものです。**2つに分けただけ**なのに、分けた瞬間に参加者の頭の中が整理され、**一つ上のレベルで優先順位が見える化されるの**

が、Jamboardのすごいところです。

　賛成と反対、理想と現実（現状）、メリットとデメリットなど、対立軸を明らかにし、議論の中で出てきた意見を付せんにして、フレームの中を移動させます。

　付せんの色は、クリックでカンタンに変えられますし、色に意味を持たせ、さらに絞り込んで分類することもできます。

　その意見がどちらに入るのかわからない場合は、あえて参加メンバーに問いかけましょう。メンバーを巻き込むこのひと手間も、議論の収束をカンタンにするコツの一つです。

❷ マトリクス

　テーマによっては、単純に意見を2分できないものもあります。そこで有効になってくるのが、マトリクスです。マトリクスは、次のようにタテ軸とヨコ軸に矢線を引きます（図表3-18）。

図表3-18　マトリクスは2軸で分類する

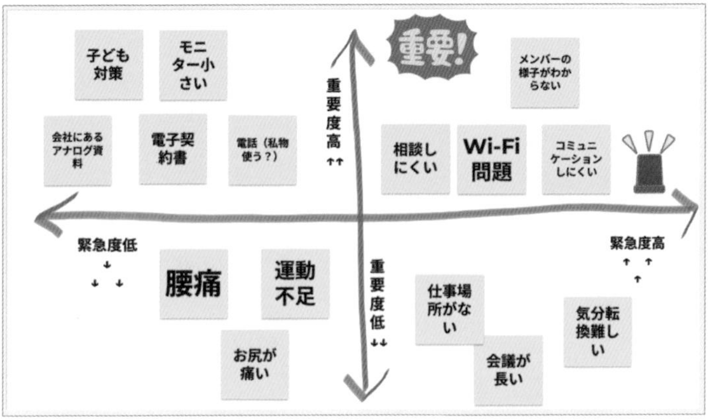

　比較検討の目的に応じて重要となる要因を考え、参加者にも伝えます。
　ここでは、タテ軸を「**重要度**」、ヨコ軸を「**緊急度**」にしてみました。
　付せんを移動しながら配置していくときには、どちらかの軸の度合が明ら

かに大きい／小さいものから順に取り上げていくとやりやすいです。

　これまでの会議でもやっていた「分けて絞る体験」が、クラウドを使うとまったく新しい体験として生まれ変わることに、参加者たちも新鮮な驚きを感じるはずです。

　ここまでにどんな意見が出たか。そしてそれらの意見に対し、結論はどうなったか。会議で堂々巡りをしないためにも、参加者に確認を取りながら、視覚的に情報を共有し、スマートに収束させていきましょう。

Google 式会議の6か条

　あの Google でも、かつては多くの会議がうまくいっていないと悩んでいたそうです。

　いったいどんなことに悩んでいたのでしょう。

　増え続ける社員とプロジェクト数により、成長スピードが落ちることに大きな危機感を持っていたのです。Google がいかにスピードにこだわっていたかがわかります。

　素晴らしい会議とは、その場で決断が下され、問題解決し、情報共有することで、メンバーに力を与えるものでなければなりません。

　そこで Google は 2012 年に会議の方針をガラリと変え、意思決定のスピードを速める新しいルール[36]を定めました。それが次の6つです。

　会議に対する考え方が一変します。

1）会議には「意思決定者」を指名する

　すべての会議には、明確な意思決定者が一人必要。意思決定者がいない場

---

*36　出典：「ラリー・ペイジが昨年春に就任した後、Google の会議をどのように変更したか」ビジネス・インサイダー 2012 年 1 月 10 日 https://www.businessinsider.com/this-is-how-larry-page-changed-meetings-at-google-after-taking-over-last-spring-2012-1（アクセス日：2020 年 10 月 18 日）

合、または行われる決定がない場合は、会議は行われるべきではない。

2）会議の参加人数は10人以下

　会議に参加する人数が多すぎると議論の質が下がる。理想的なのは10人以下。

　その会議に関連する人たちには、すみやかに議事録を共有すればOK。

3）会議参加者は、全員が必ず発言する

　出席した全員が意見を言う必要がある。発言しないなら、そこにいるべきではない。

4）会議を「意思決定の場」と決めつけない

　何かを決めるのに、会議の日まで待つべきではない。ただし、決定を下す前に会議を開催する必要がある場合は、ただちに会議を開催する必要がある。

5）「短い会議」を開催する

　Google では長い会議を分割し、5分、10分という短い単位の会議も数多く実施されている。テーマや参加者をできるだけ絞って、短時間で会議を終えるように意識すると、隙間時間を有効活用することができ、多忙なマネジャー層の時間の融通がききやすくなる。

6）データに基づいて議論する

　Google の会議は、すべてデータに基づいて議論する。決定事項の裏には必ずその根拠となるデータがあり、いわゆる政治的なかけ引きや「私はこれが好きだから」という決定は行われない。

事例

9時間近くの膨大な会議の準備が、
10分の1に大幅短縮！

　会議の出席者が「社内メンバー」だったとしても、人数が5人以上になると、その準備や拡散、収束、記録まで完了させるのに、非常に多くの時間と労力がかかります。

　それがもし「**社外**」の、しかも**働き方や活動時間帯の異なる多様な主体**が会議メンバーだったら、どれほどの時間と労力がかかるものでしょうか。

　人口10万人以下の地方都市で開催された「オータムフェスティバル」の事務局を担当した田隰加代子さん（宿泊業、合同会社代表社員、50代）のケースを紹介しましょう。

　今回のイベントは、医師、アーティスト、地元行政、地元農業生産者、旅館業等の民間企業による他業種コラボ。2日間、道路を歩行者天国にする関係上、地元警察も関わり、関係者の働く時間がバラバラでした。

　ですから、まず会議の日程調整が大変でした。

　プロジェクト開始から完了までの約8か月間に実際に集まった会議は4回。

　各グループ代表者で構成された出席者は16名という大人数。

　田隰さんの記録によれば、初回会合の設定と当日の共有資料の作成・配付だけで530分以上。つまり、1回の会議を準備するだけで**9時間近く**を要したそうです。

　このストレスフルな状況を即座に解決したのが、**Google ドキュメント**でした。

　それまで使っていた Word から ドキュメント での共有に切り替えただけで、1回の会議準備は、**たった1時間に激減**。関係者の人数と会議出席人数、そして会議に必要なやりとりはまったく変わっていないにもかかわらず、**まさに10分の1**にまで時間を節約できました。

図表3-19 **Google ドキュメント でメールと添付ファイルの「行ったり来たり」が激減**

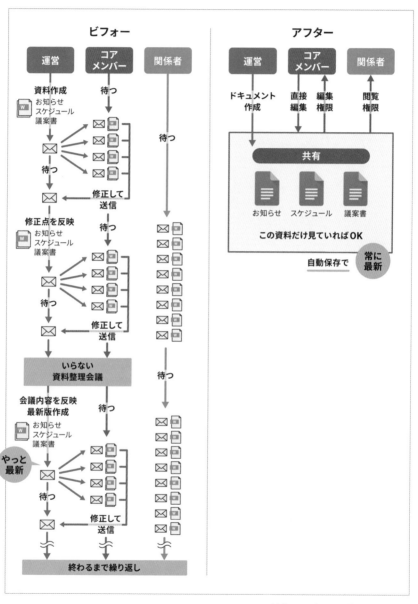

（出典：イーディーエル株式会社作成資料）

それはなぜか。

単純な話、**メールの「行ったり来たり」がほとんどなくなった**からです。

この事例から、人数が多くなればなるほど、クラウドで文書を一元管理するメリットが大きくなることを学べます。

では、ドキュメント で関係者全員のストレスがゼロになった田隅さんのお話を聞いてみましょう。

田隅さん談

当初、会議前後の関係者とはすべて **Word ファイルを添付してメール送信**していました。

最もストレスを感じたのは、ちょっとした修正が入るたびに、Word の「版」が増えていくこと。さらにメールによる指示も入ったため、Word を開き、メールといちいち照らし合わせながら確認をしていました。

最新の「版」がわかりにくいせいで起こるべくして起こった事件が、一つ前の版に上書きして大混乱したことです。

こうなると犯人探しが始まり、悪意はないのに上書きした人がひどく怒られるというなんともやるせなさ感が漂い、負のスパイラルに陥ってしまいました。

わざわざ全員にパソコンを持参してもらい、「古いファイルを削除する会議」に1時間かけたこともあります。今でこそ笑い話ですが、スケジュールもタイトだったので当時は状況を改善しようと必死でした。

喜劇なのか悲劇なのか、この混乱状態から脱却できたのは、**メールの「行ったり来たり」を一切不要にしてくれた Google** のおかげです。

事務局からの案内は、メールに用件と ドキュメント への共有リンク先の表示のみにしました。すると、これだけなのに、関係者全員、いつでもどこでも最新「版」の企画書を閲覧できるようになったのです。

修正があればそれに直接書き込み、［コメント］機能や［提案モード］で必要な相手とのやりとりがその場ですぐにできるようになりました。

変わったことは、事務連絡以外で**メールのやりとりが一度たりとも発生しなくなった**ことです。

一度共有されたファイルの URL は変わらないので、「**お気に入り**」や「**ブックマーク**」に保存でき、メール経由でなくてもファイルにアクセスできます。

これまでも、IT ツールを使って効率を上げようとしてきましたが、参加者全員で使えるツールがありませんでした。

しかし、Google は無料でスマホからも使え、しかも操作がカンタン。

全員が使えることで、労力もストレスも激減したのです。

以前は、メールの「行ったり来たり」で何度も確認を取っているけれど、責任の所在が不明確な状態でした。でも、Google を使い始め、「共有」ができるようになった今、すべてのプロセスがオープンになるこの方法はすごく**公平な仕組み**だと感じています。「共有」によっていい意味での当事者意識が各自に芽生え、人間関係も円滑になりました。

以上、田隅さんの話から改めて気づかされるのは、関係者が多ければ多いほど、Google アプリの「**マルチユース（多人数で使う）**」で大きなプラスの作用が働くということです。

メールは便利で、私自身も Gmail を2003年からずっと愛用しています。

ただ、ファイルを添付するやりとりには一切使っていません。

私にとってファイルを添付したメールの往復運動は、現代の IT スキルではなく、もはや**原始時代の IT スキル**に成り下がってしまいました。

メールのやりとりが一切発生しないクラウド上の最新のスキルを使って、**10X** を目指していきましょう。

Chapter

4

Google式
10Xコラボレーション術

リモートでもバリバリ仕事したいのに……

必要な書類が見つからない　　　　場所がないよ、場所が……

会社に置いてきたのかも

課題

リモート・コラボの情報の流れを3つに分解すると……

収集	活用	保管
Google フォーム	Google スプレッドシート	Google ドライブ

解決策

入力装置　　　　　　　調整装置　　　　　　　発見装置

目標　　**会わずともクラウド上で ONE TEAM**

事例　　**1300万円のシステムが不要に!**

リモートでも情報の「収集」→「活用」→「保管」 3ステップで成果10倍

　新型コロナウイルスが流行する前、暑くても寒くても雨が降っても、満員電車に揺られ出勤していました。重たいかばんを抱えて、取引先に向かっていましたね。

　これはいったい、何のためだったのでしょうか。

　人と会って、話して、「協働」するためです。たった一人で完結するビジネスはほとんどないですから。

　人と会うことで、情報「収集」して現状を把握し、次の対策を考える。

　その情報を「活用」し、共有・分担・調整しながら、結果を「保管」する。

　つまり、**情報の「収集」→「活用」→「保管」という3ステップ**により、情報は人から人へと渡され、加工され、解釈されながら、形を変えて流れていきます。

　ところがリモートワークになったとき、この3ステップの全工程で困ることが続々出てきました。特に悩ましいのが、次の2つです。

- **オフィスにある「あの書類」が必要なのに手元にない**
- **必要な相手とちょっとした報告・連絡・相談（ホウ・レン・ソウ）ができない**

「やはり、オフィスに行って仕事するしかないのかなぁ……」

　つい、そうつぶやいたりしていませんか。

　しかし、それで本当に問題が解決するのでしょうか。

　これは、誰とでもいつでも会える環境では、出てこなかった悩みです。

　でも、今や、オフィスで仕事をするのが常識という時代は終わりを告げました。出社組と在宅組が混在したまま、仕事をしている職場も増えています。

　そもそも直接会わなければ、その場所へ出向かなければ、何かができないというのは「隠れていたリスクだった」と誰もが気づき始めています。

　リモートだからこそ、コラボレーションに欠かせない3ステップ「**収集**」→「**活用**」→「**保管**」の流れを**クラウドで整備**し、対面や移動をしなくても、**一気に成果を"10倍"にする新しいやり方**。
　いったい、どうすればできるのでしょうか。

必要な情報に
いつでもどこでもアクセスできる仕組み

　会ったときにしか情報交換ができないというのは非常に不便です。ひと昔前までは、携帯電話もなかったので、外出時に連絡を取りたくても相手からの連絡を待つしかありませんでした。その前は駅で待合せをしても、改札口の伝言板にメッセージを残すしかありませんでした。そう思うと、あっというまに時代が変わりましたね。

❶ **必要な情報が、必要なタイミングですぐ手に入る**
❷ **人から人へ情報が渡る際に、流れが止まらない**
❸ **「今」の状態と「以前」の状態との変更の経緯が確認できる**

　この3つが実現できれば、コラボレーションは今より**劇的**に速くなります。
　まずは、**人から人へ「情報」がリモート環境でも流れる整備**をしていきましょう。

　Google アプリ群を使うと、対面せずとも最新情報を集め、会話しながら調整可能になります。
　なぜ Google ならできるのでしょうか。
　その理由は極めてシンプル。Google を活用するときは、これまでなら「会って情報を得ていた場所」を「**100%クラウド**」に変更することになるからです。

　クラウドの本質は「共有」です。

自分の所有するファイルやデータはもちろん、共有されたファイルやデータに、会わなくても、移動しなくても、どんなデバイスからでも、いつでもどこでもアクセスできます。

　常に最新の状態で共有されているだけでなく、過去にさかのぼって自動保存されたやりとりや変更履歴も確認できるのが特長です。

　必要なときにアクセスすれば、誰でも必要な情報が入手できる「共通の場所」。これまでその場所は、オフィスしかありませんでしたが、これからはクラウド上につくるのです。

「場所」さえ決まっていれば、メンバー各自がそこに自分の情報を置くだけで、加筆、修正され、関係者全員で修正プロセスも含めてリアルタイムでオープンに共有できます。情報の垣根がなくなります。

　リモート強者は、この**チーム全体の"情報の流れ"を完全にコントロール**できます。

　それでは、本章で紹介する「Google 式 10X コラボレーション術」の3ステップ、「**収集**」→「**活用**」→「**保管**」で使う3つの厳選アプリを紹介しましょう。

リアルよりリモートで成果10倍！コラボ劇的改善3アプリ

　リモート強者が使う Google のコラボレーション加速化アプリは、次の3つです。

では、3つのアプリの概要を説明していきましょう。

収集：【Google フォーム】

Google フォーム は、**アンケートや申込内容の配付回収、さらに集計まで
を自動化**する「フォーム作成アプリ」。一問一答から回答によって分岐する
タイプの大規模アンケートまで、初心者でも直感的に手軽に自作できます。

実は、**フォーム は「入力装置」**。
こうとらえ直すと、あらゆる情報を最短最速で収集するツールとして活用
の幅が広がります。
社内他部署への依頼フォーム、毎日の営業報告など、鮮度の高い情報を自
由に集め、必要なメンバーにリアルタイムで結果を見える化するツールとし
て役立ちます。

紙のアンケートは、持っている人しか見られず、集計するまでは誰も概要
すらわかりません。
一方、フォーム は共同編集者として追加するだけで、**最新の結果と概要
をリアルタイムかつ視覚的に確認**できます。質問の作成、修正も同時編集可
能です。

活用：【Google スプレッドシート】

Google スプレッドシート は「表計算アプリ」です。
表計算やグラフ作成は Excel を使っている方が大多数でしょう。
スプレッドシート は Excel との互換性があります。
Excel で利用可能な関数やグラフは、ほとんどが スプレッドシート でも
利用可能。使い方も Excel とほぼ同じです。

とはいえ、**スプレッドシート を Excel と同じように使うだけではもった
いない！**
スプレッドシート が得意とするのは、クラウドの利点を活かした機能で

ある「共有」。クラウド上のリソースを「IT の段差フリー」で使いましょう。

IT の段差フリーとは、「**ワンクリックで別の情報に即アクセス可能**」という意味です。

スプレッドシート は、**リアルタイムでの共同編集、コメント、版の履歴管理**など複数メンバーと共同作業する際に重宝する**調整機能**が Excel より大量装備されています。だからリモートワーク中でも"会話"しながらイキイキとコラボができる作業場となりえます。

保管：【Google ドライブ】

実はこの Google ドライブ こそ、ドラえもんの「**四次元ポケット**」といえるくらいの存在。

クラウド上に文書、写真、音楽、動画など、どんなデータ形式のファイルでも保管でき、他者と共有できる **Google** の「**ファイル保管・共有アプリ**」です。

これさえあれば、地球上のどこにいても、まったく関係なく仕事ができます。

Google ドライブ のユーザー数は、2018 年に世界中で 10 億人を突破。

実は、利用者数 10 億人超えと発表された Google プロダクトは、現在 9 つとなっています。

全世界で 10 億人というのは実に驚くべき数字です。つまり、人種も言語も年齢も IT スキルも関係なく使えるということが証明されているともいえるでしょう。

しかし、ここで、一つ問題があります。

この ドライブ は、クラウドの考え方に慣れないとうまく扱えないのです。

なにしろ「**四次元ポケット**」ですから、これまでの考え方では通用しないために、最初は次の 3 つの面で違和感を覚える人が多いのです。

まず、「データは端末には保存せず、クラウドに保存」という習慣に慣れていない。

　次に、「情報は整理不要」といっても ドライブ はゴチャゴチャしている
と感じる。

　最後に、「必要な相手に必要な権限で、そのままプロセスまで含め共有可
能」といっても、「セキュリティは本当に大丈夫か？」と不安になる……と
いった具合です。

　でも、これらはすべて、リモート弱者の発想です。

　この機会に安心して、**あなたも新しい考え方に"バージョンアップ"**して
しまいましょう。

　世界中のビジネスで分散とデジタル化が加速しています。働く場所に依存
しないためには、クラウドの共有をマスターしておくことがもはや必須なの
です。

1

「フォーム」で鮮度の高い情報を
高速見える化

　仕事をしていると、自分以外の人から「情報（データ）」を集める場面って多くありませんか？　仕事の意思決定は、情報があって初めてできるもの。その情報がないと、着手できない業務もあります。

　たとえば、あなたは営業チームのマネジャーで、あなたを含めた5人のメンバーが営業チームにいるとします。毎週の売上数字や見込み客情報を集め、現状を把握し、どう行動すればいいのか。戦術を練って部下に指示を出す。これがあなたの仕事です。

　あなただったら、どんなふうにメンバーから「情報」を集めるでしょうか。
　メンバーの営業日報から毎日情報を拾う、定例会議前にメールで定期的に報告してもらうなど、いろいろな方法があると思います。会議に参加し、その場で報告を聞いているかもしれません。
　たった5人とはいえ、チリも積もれば山となり、結構な時間を費やしていませんか。
　収集した情報は、マネジャーであるあなたが Excel などに転記し、時系列で数字を追えるようにグラフ化したり、集計・分析したりしているでしょう。もしくは他のメンバーの手を借りてまとめているかもしれません。

　メンバーから収集した情報が手書きだと、入力し直す必要があります。
　デジタルデータで提出されても、そのまま流用できなければ、コピーする手間が生じます。
　おそらくメンバー全員が五月雨式に数字や進捗を報告してくるので、全回答が揃うまで集計作業ができないこともあるはず。報告シートも項目や書き方が統一されていなければまた時間が取られます。マネジャーにとって情報

収集と集計は、労力がかかるやっかいな仕事ですね。

　そこで **フォーム** の出番です。

　具体的には、フォーム で見込み客と成約情報を一緒に収集してみるというのはどうでしょうか。あなたも含めた 5 人の営業担当者が、担当エリアごとにそれぞれ活動しています。リモートだと、なかなか顔を合わせて進捗報告をすることもままなりません。

　そこで、チームのメンバーに情報共有すべき新たな見込み客、成約が発生するたびに、**その場で一つの フォーム にどんどん入力してもらう**のです。入力には 1 件 3 分もかかりません。とはいえ、これを週 1 回にまとめて報告してもらうと、10 件あれば 30 分かかる計算です。フォーム を使って 1 件ごとに**即時共有する仕組みをつくれば、状況把握する時間は 1 分**ですみます。報告する側も受ける側も互いに生産性が向上します。

　それでは、具体的にこの フォーム を作成してみましょう。
　まず、基本の 3 ステップ。
　アドレスバーに「**form.new**」と入力すると、新規ファイルが表示されます。また、前章で紹介したように、[ランチャー] から フォーム の紫色アイコンをクリックしてアクセスすることもできます。ファイル名をつけて始めましょう。
　[ランチャー] から [フォーム] アイコンをクリックし、[Google フォームを使ってみる] をクリックすると、次の**図表 4-1** の画面が表示されます。[新しいフォームを作成] を選ぶと、[無題のフォーム] の画面になります。

図表4-1 フォーム の基本操作

☰ フォーム の3ステップ

1 [ランチャー] をクリックし、フォーム が開いたらファイルの新規作成 [+] を
クリックして始める

ここに フォーム のタイトル「10X営業_報告フォーム」と入力

ファイル名を入力

2 つくる

3 共有

タイトルは「10X営業_報告フォーム」としました。フォーム に回答し
てもらう際に、トップ表示されるのがタイトルです。

左上の [無題のフォーム] に入力したものがファイル名となります。ク
リックすると、タイトルとファイル名が同期します。

続いて、情報収集に必要な項目の設定に入ります。

図表4-2のとおり、[無題の質問] に「氏名」と入力。続いて、その右側
に表示された [ラジオボタン] をクリックして、回答形式を選びます。

[プルダウン] を選択すると、入力欄が表示されます。一つひとつの入力欄
に、5人の営業担当者の名前を入力すれば完成です。

図表4-2　**フォーム は質問と回答形式を選ぶだけでつくれる**

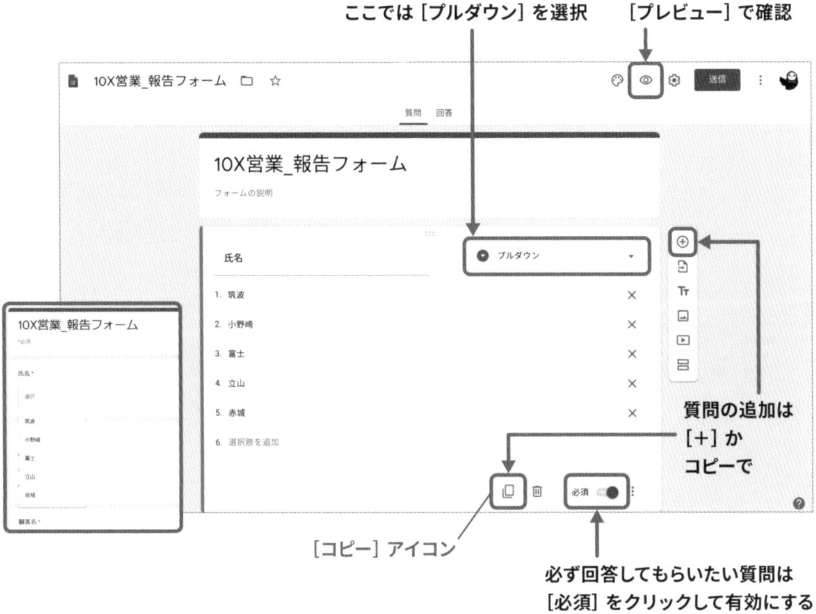

ここでは［プルダウン］を選択　　［プレビュー］で確認

質問の追加は
［＋］か
コピーで

［コピー］アイコン

必ず回答してもらいたい質問は
［必須］をクリックして有効にする

　この項目は必ず回答してもらいたいので、**［必須］をクリックして有効**に
しておきます。

　この［必須］の左側に［コピー］のアイコンがあります。ここをクリック
すると、質問をコピーして追加できます。回答形式をコピーしない場合は、
右に表示された［＋］アイコンをクリックして質問を追加します（**図表
4-2**）。

　次の質問は、見込み客情報なのか、成約情報なのか、選択する項目にします。

　見込み客情報と、成約情報をそれぞれ入力する フォーム を分けてしまう
と混乱します。できるだけ、**情報は1か所で入力**できるように設定しておく
と、メンバーも嫌がらず、協力してくれます。

　後はこの繰り返しです。

質問を追加し、入力したら、全部で11種類ある回答形式を選びます（図表4-3）。

3つ目の質問は**顧客情報**、そして4つ目はどんな**内容**だったのか、入力できるようにしておきます。入力が長文になりそうな場合は回答形式の［段落］を選びます。

最後は成約の**金額**です。

見込み客の報告の場合は入力しないので、この質問は［必須］を有効にしないでおきます。

5つの質問を一つの フォーム で作成しました。慣れれば5分もかかりません。

フォーム が完成したら、画面右上の目のアイコン［プレビュー］で、質問に対して実際にテストで回答してみましょう（図表4-4）。

図表4-3

フォーム で設定できる回答形式は11種類

- ＝ 記述式
- ≡ 段落
- ◉ ラジオボタン
- ☑ チェックボックス
- ▾ プルダウン
- ☁ ファイルのアップロード先
- ⁌ 均等目盛
- ⁚⁚⁚ 選択式（グリッド）
- ▦ チェックボックス（グリッド）
- 🗓 日付
- 🕐 時刻

想像していた動きと違う、追加の質問が必要だ、などの改善点が見つかるかもしれません。その場合は、編集用の フォーム が表示されているタブに戻って、すぐに修正することができます。

ここでは、**商品の種別**についても選択して報告できたほうがベター、ということで、一つ質問を追加することにしました。

完成した フォーム に どうやって回答してもらう？

テスト回答が終わって、フォーム が完成したら、すぐにメンバーに連絡

して、使ってもらいましょう。

　フォーム の共有は、メールや SNS のメッセンジャーから案内するのが一般的です。

　また、フォーム はウェブサイトのように「ブックマーク」に登録することができます。毎日使う場合におすすめです。

　1 フォーム から直接メールで案内したい場合は、画面右上の［送信］をクリックすればカンタンに実行できます。**2** メールのアイコンが選択されていることを確認したら、**3** ［送信先］にメールアドレスや名前を入力し、**4** ［送信］をクリックすれば フォーム へのリンク URL、さらにフォーム そのものを埋め込んでメール送信が完了します。

　リンク URL を共有したい場合には、**1** ［送信］をクリックした後、**2** ［リンク］アイコンをクリック。画面が切り替わってから、**3** ［URL を短縮］をクリック。自動生成されるリンクを **4** コピーして利用できます（**図表4-4**）。

図表4-4 **作成した フォーム を共有する**

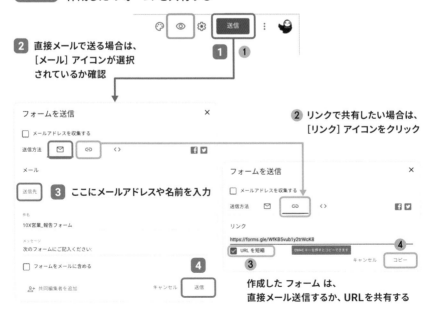

集計は自動！
グラフ化まで苦労知らず

　フォーム に回答が集まり始めると、手に取るようにリアルタイムで状況が見える化していきます。具体的には、編集用の画面で［回答］ページに切り替えます。集計結果を［概要］［質問］［個別］ごとに確認できます。表示は投稿があるたび、自動集計され、最新情報が表示されます（図表4-5）。

　作成した フォーム は、いつでも回答の受付を終了したり、再開したりできます。設定はやはりワンクリック。カンタンです。

　一度つくった フォーム のデータを全削除して再利用できます。もちろんデータは別途ダウンロードして保存できます。

図表4-5　リアルタイムで自動集計された結果を確認する

フォーム に回答があるたびに更新され、
最新数値が表示

・［概要］で全体像をつかむ

・［質問］ごとや［個別］の回答結果も
　ワンクリックで最新情報を確認できる

自動集計された結果はグラフでビジュアル化！

自由記述も一覧で表示

　先月作成したものを今月も使いたいときなどに、使い回せて便利です。

　また、この集計結果は、最初は作成したマネジャーだけが閲覧できます。これを上司や社長にも共有したいときには、フォーム の［共同編集者を追加］に指定すれば OK です。ただし、フォーム は、質問の削除や変更ができる権限である［共同編集者］でしか共有ができません。結果だけ常時最新情報を閲覧できればいいときは、スプレッドシート での共有をおすすめします。

　これはなぜか？　その理由は次節で詳しく紹介します。

　フォーム は、このように手軽に作成でき、関係者にはすばやく案内でき、スマホからでも自宅のパソコンからでも、いつでもどこでも気軽に回答できます。

　また、情報を収集したら、自動でグラフの形にまで集計し、リアルタイムで結果を伝えてくれるのです。鮮度の高い情報を最小の労力で収集できるイメージがつかめたでしょうか。

　フォーム は「入力装置」。

　そう考えると、活用の幅が広がり、さまざまな情報を収集する場面で応用できます。

　ファイルを回収したり、動画を見てから質問に答えるなど、どんな質問にも対応できます。

　後は、あなたのアイデア次第。図表4-6を参考にして、ぜひ業務がラクに自動化できる部分で フォーム の活用法を考えてみてください。

図表4-6　フォーム 活用のヒントとできること

フォーム 活用のヒント	フォーム でできること	
・動画を見せて回答	・過去に作成した別の フォーム から質問をインポート	・回答を1回に制限する
・画像を見せて回答		・限定公開にする
・分岐型アンケート　＝回答に応じて、次の質問を変える	・一度に見せる質問数を設定	・自動採点
	・質問を毎回ランダムに表示	・テストやクイズ

必要な情報は、自分たちで
柔軟に収集・活用・保管！

では、続いて、この収集した情報を「チーム全体で有効活用」できるようにする方法を紹介します。

フォーム は スプレッドシート と連携し、データをワンクリックで出力させることができます。これが、いったい何を意味するのでしょうか。

世の中には、さまざまな業務支援ソフトが提供されています。高い投資をしたわりに、現場で十分活用できていないという声を聞きますが、あなたの職場ではいかがでしょうか。

これまでのツールの多くは、導入後の現場で「この項目は必要ない」と思っても、カンタンには修正ができません。専門知識がなければ使いこなせないものでした。

自分たちの業務に合わせて項目などを仕様変更したくても、必ず予算や時間がかかり、使いながら改良することが実質できませんでした。

しかし、これからは違います。無料の Google を使えば、IT の専門知識は不要で、どんどん使いやすく変えていけます。

フォーム で「**収集**」し、スプレッドシート で「**活用**」し、ドライブ に「**保管**」する。

一人ひとりがこれまで「所有」していた情報を、クラウドにアップしてもらうだけで全員が共有できるようになります。

これが新・情報システムです。システムなので、あなたがアップした情報がみんなのために共有され、集まったみんなの情報があなたの業務遂行に役立つのです。

こんな仕組みが、想像以上に現場でカンタンにつくれてしまうのです。

Google アプリ群を使えば、**ファイル同士がデータ連携**。従来のアナログなやりとりが発生する情報のバケツリレーと比べ、すべてがデジタルデータなので、**入力の二度手間がなく、ミスなくスピーディに次の担当者に渡し、加工**してもらえます。図表4-7にビフォー・アフターをまとめました。

図表4-7　ONE TEAM を実現する情報システムを現場でつくる

ビフォー　　FAXやメールで情報を集めて、外注の業務支援システムで集計・保管

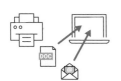

- 決められた項目を自分たちで変更できない
- 出社しないと処理できない
- 仕様の変更には、お金も時間もかかる
- システムのデータ連携ができず、手入力発生で二度手間
- 横断的に検索できない
- 手入力での情報連携でミス発生。時間がかかる

アフター　　Google で、自分たちで情報収集、活用、保管を自由にデザイン

- 項目の設定を現場で柔軟に、無料で設定・変更できる
- 情報の提出、閲覧、活用のために出社する必要がない
- 紛失・劣化しない
- 検索できるため、見つけやすい
- 情報の再利用・連携が可能
- 結果の保存に場所を取らない

Google での一元管理のメリットは、次の6つです。

- **項目の設定を現場で柔軟に、無料で設定・変更できる**
- **情報の提出、閲覧、活用のために出社する必要がない**
- **紛失・劣化しない**
- **検索できるため、見つけやすい**
- **情報の再利用・連携が可能**
- **結果の保存に場所を取らない**

　Google を使うだけで、**最先端 AI を日常業務に活用できる環境**も手に入ります。

　もうリモートだからといって、嘆く必要はありません。

　では、具体的にどうすれば、全員がラクできる情報システムを構築できるのでしょうか。

2

情報活用の場は
「スプレッドシート」で

　以前なら、オフィスに行けば、上司や同僚にいつでも確認し、なんでも相談できました。

　それが今では、「リモートだから、ちょっとしたことを聞けない」「仕事がはかどらなくても仕方ない」なんてあきらめていませんか。

　そんな悩みとも、お別れしましょう。

　あなたはこれから、どこにいようが、チームのメンバー全員が必要な情報を効率よく、タイムリーに入手できる場所をクラウド上につくり出せます。

　どうすれば、そんなことができるのでしょうか。

　では、先ほどの営業マネジャーにもう1回登場いただきましょう。

　フォーム で「情報収集の場」をつくった後は、スプレッドシート で営業チームのためにこの情報を流用して「毎月毎週の成果を見える化する場」、さらに社内複数のチームがコラボしながら仕事を進められるように「離れていても会話できる場」をつくります。

　情報を共有すべき関係者が3人以上になる場合には、**フォーム ではなく、スプレッドシート に設定したほうが管理や運用がラク**になります。

　スプレッドシート なら、「編集権限」「コメントをつけられる閲覧権限」「閲覧権限」の3種類から、相手の立場や関わりに応じて共有方法を選択できるからです。

　「編集権限」は、データの修正や削除などファイル編集ができる権限です。メンバーには、まずは「コメントをつけられる閲覧権限」だけ付与しておくほうが無難です。

　フォーム から スプレッドシート にデータを出力するのは、ワンクリック

図表4-8　**フォーム のデータを スプレッドシート に出力**

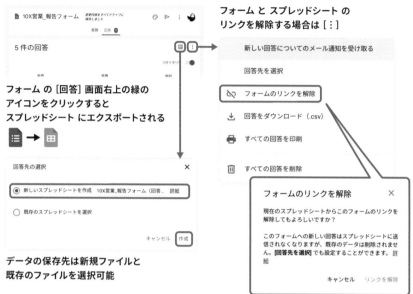

**フォーム と スプレッドシート の
リンクを解除する場合は［⋮］**

**フォーム の［回答］画面右上の緑の
アイコンをクリックすると
スプレッドシート にエクスポートされる**

**データの保存先は新規ファイルと
既存のファイルを選択可能**

で完了。どこから出力できるのかというと、図表4-8編集画面の［回答］
ページになります。画面右上の緑色の［スプレッドシート］アイコンをク
リックして、［新しいスプレッドシートを作成］をクリックすれば完了です。

　一度データ連携が完了したら、この後はずっと、**スプレッドシート の1
シート目に、フォーム のデータが出力され続けます。常に最新の状態で
フォーム のデータと同期**されるようになります。
　なお、フォーム のデータを削除しても、スプレッドシート のデータは影
響を受けません。

　フォーム を再利用するときや、質問を変えたり、追加したりするときに
は、出力先の スプレッドシート とのデータ連携は、いったん解除しておく
といいでしょう。修正した新しい フォーム は、新しい スプレッドシート

に集計データを出力します。解除方法は、同じく フォーム の［回答］ページになります。［スプレッドシート］アイコンの隣にある、3点リーダー［⋮］をクリックすると、設定のオプションメニューが表示されます。こちらから解除してください。

このように、スプレッドシート へのデータ連携は何度でも変更できます。

まず、営業マネジャーは **フォーム** と **スプレッドシート** をワンクリックで **連携** しておきます。そして、スプレッドシート の1シート目に出力された生データをもとに、2シート目以降に、チーム連携するための**情報活用の場**をつくっていきます（図表4-9）。

図表4-9　**シートを増やしてクラウド上の作業場所を創出**

スプレッドシート は情報活用の場

1シート目
フォーム で収集、出力された生データ

画面左下の［+］で2シート目を
追加して生データを加工

フォーム から **スプレッドシート** に出力する「**メリット**」は次の**3つ**です。

❶ フォーム ではできない**データの加工が自由**にできる
❷ フォーム よりも**多くの関係者に、その相手に応じて安全に共有**できる
❸ フォーム データをもとに**データを後から柔軟に追加**できる

　Google のアプリはすべて、スマホからでも使えるので、**パソコンが使えない現場とのコミュニケーションもスムーズ**です。
　2シート目は、画面左下の **［＋］アイコンをクリックして追加**します。

　たとえば、生データのうち成約した顧客情報と金額だけを抽出し、2シート目に掲載します。データは、そのまま列ごとコピー＆ペーストできますから一瞬で完了です。あるいは、関数を使って引用してもいいです。すると、フォーム では加工できなかった「月別の売上集計シート」が作成できます（図表4-10）。

図表4-10　**月別の売上集計シート**

2シート目

関数を使って計算

　フォーム に投稿すると、送信した時間がタイムスタンプとして自動で記録されます。このタイムスタンプを使って、週別、月別で集計する。あるいは「契約日」を フォーム の質問に追加し、それを使って集計するのもよさそうです。
　現場で集めた「データ」をどう使うかによって、改めて フォーム の質問内容を、自分たちで都合よく何度でも変更することができるのです。

それだけではありません。他のメンバーの様子も、スプレッドシート を開けば、相手にわざわざ聞かなくても、今どんな状況なのか、最新情報や進捗が一目でわかります。

たとえば、**[条件付き書式]機能**を使えば、「ご成約」というデータがフォーム から追加されると、そのセルに目立つように色をつけて自動化できます。こうしておけば、成約案件を確認しやすくなります（**図表4-11**）。
［条件付き書式］はメニューバーの［表示形式］から設定できます。これをクリックすると画面右側に編集画面が表示され、そこで条件を追加します。

図表4-11 ［条件付き書式］でデータをもっと見やすくする

また、**[チェックボックス]機能**を使うと、ワンクリックでセルにチェックを入れられます（**図表4-11**）。チェック数はカウントできるので、集計に関数が使えます。
ご成約のお客様と打合せが完了したらチェックを入れる、必要書類を送付したらチェックを入れるなど、ToDo リスト代わりに使えます。

　［チェックボックス］は、追加したいセルを範囲指定して、メニューバーの
［挿入］から［チェックボックス］をクリックすれば、すぐに設定できます。
　最後は［リンク］の挿入です。

　リンクとは、もともと「つなぐ」という意味です。
［リンク］が設定されていると、クラウド上のウェブページやファイルなど、
クリックするだけで、カンタンにアクセスできるようになります。

図表4-12　**［リンク］を挿入して、関連情報を集約**

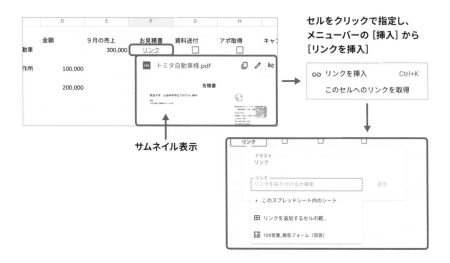

　図表4-12を見てください。スプレッドシート では、リンクされたセルに
マウスポインタを置くと、**リンク先がサムネイル（縮小表示）** されます。ど
んなファイルやサイトにアクセスできるのかすぐにわかります。
　また、スプレッドシート の場合、ウェブページやクラウド上に保存され
ているファイルだけでなく、セルや、同じ スプレッドシート 内の別のシー
トや、参照したい複数のセルの範囲まで［リンク］できるようになっていま
す。

やり方は、文字を入力した後に、セルをクリックで指定し、メニューバーの［挿入］から［リンクを挿入］をクリックします。すると、編集画面が表示され、［リンクを貼り付けるか検索］の欄にファイルの URL や候補をクリックして挿入します。

　たとえば、見積書や請求書など、関連する文書には **［リンク］** を設定しておくと、**誰でも必要なタイミングで、情報に秒速アクセス**できるようになり、**探す手間が一切なくなります**。もはや、文書は、フォルダに入れて管理する時代ではなく、スプレッドシート にそれぞれの担当者がリンクしておくだけで、当事者以外でも、すぐに必要なファイルを見つけることができるようになります。

　さらに、リンク先のファイルには共有権限を設定できますので、機密資料は「制限つき」で指定したアカウントでの共有を実施しておくと、セキュリティが向上します。共有されていない人は、リンク先にアクセスできないからです。

　ところで、こうした作業をするとき、「あれ？　これってどうだったっけ？」とか「この話は、あのときこう決まったはずだよね？」と小さな疑問が浮かぶことがありませんか。
　以前なら、すぐに目の前の上司や同僚に確認することができました。
　ところが、今やリモート環境です。
　もし、デジタル書類の上で会話が気軽にできたら、もっと仕事がはかどるとは思いませんか。スプレッドシート なら、そんなことは朝飯前です。
　次節では、**会話ができる スプレッドシート の秘密**を紹介しましょう。

リモートでも［コメント］を使えば、ワイワイガヤガヤ会話ができる

　Google の長所は、**あたかも会話するかのように、リアルタイムでやりと**

りしながら、**リモートで作業を進められる**ところ。これがどれだけラクか想像できますか？

　反対に、ファイルを送った相手からの返信で、メールの本文に「セル D14の内容を再度確認」とか「セル F28は要入力」などと延々と書かれていたらどうでしょう。メールと文書を切り替えながら確認するのは面倒ですし、見落としも発生します。

　また、記述された内容に対して返事をしたい場合、さらにメールで返信すると、後から内容をたどるのに苦労します。想像しただけでもウンザリしますね。

　Google はこんな問題を**すべて解決**してくれました。

　それが［**コメント**］**機能**です。

　クラウドに置けば、書類の上で、なんと会話のやりとりができるのです。

　次の**図表4-13**のように、セルを選択し、メニューバーの［挿入］から［コメント］を選ぶと、場所を指定して、気がついたこと、メッセージしたいことをコメントとして入力できます。

　［@］を半角で入力、続けて相手のメールアドレスを入れると誰宛のメッセージなのか、明確に示すことができます。

　コメントは場所が指定されているので、「セル D14の内容を再度確認」とか、「セル F28は要入力」とセルを探す必要がありません。

　@をつけた相手には、そのコメントの内容がメールで自動通知されます。メールに記載されたリンクをクリックすると スプレッドシート が開き、当該箇所も表示されるのですぐに確認できます。

　さらに、Google の場合、そのメールから、直接コメントへの返信も可能です。スプレッドシート と Gmail がクラウドで連携しているからできることです。これぞ**マルチアプリ・マルチユース**ですね。

　［コメント］でのやりとりは、スレッド状にリアルタイムに追加されます。

図表4-13 ［コメント］機能を使ってクラウド上でやりとり

セルを選択 → メニューバー［挿入］→［コメント］を選択

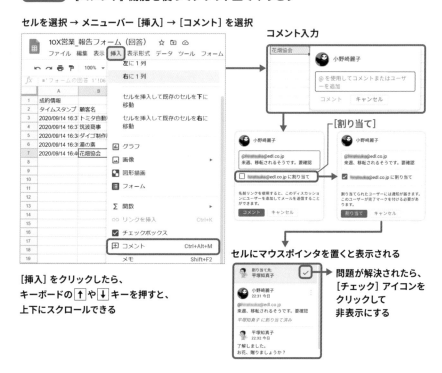

コメント入力

［割り当て］

セルにマウスポインタを置くと表示される

［挿入］をクリックしたら、
キーボードの ↑ や ↓ キーを押すと、
上下にスクロールできる

問題が解決されたら、
［チェック］アイコンを
クリックして
非表示にする

　共有相手と同じタイミングでファイルを見ていると、チャットのようにも使え、スピーディに問題解決できます。メールのように、挨拶や署名が必要ないので、すべて簡潔にすみます。

　なかには、こんなこと聞いていいのかな、というような「些細な問題」もありますよね。リモート環境だと上司や同僚に確認していいタイミングがつかめず、小さなモヤモヤが溜まりがち。
　しかし、［コメント］機能を使えば、相手は都合のいいときに確認できますし、返信にも手間がかかりません。聞くタイミングをうかがっているうちに忘れてしまった！　ということもなくなります。

　問題が解決したら、**図表4-13**のように、コメントの右上に表示されている**[チェック] アイコン**をクリックして**[解決]**しておきましょう。[解決]するとコメントは画面からシュッと消えます。ただ削除されたのではなく「非表示」になるだけなので、後から確認できます。

「画面に表示されているコメントは、未解決のものだけにする」と社内ルールで決めれば、解決済のコメントを間違って読んでしまうという小さな時間のロスもなくせます。
　[割り当て]は**「アクション アイテム」**と呼ばれ、単なるコメントから、割り当てられた人への**「宿題」**のような扱いになります。
「これ、ちゃんとやっておいてよね！」と強めにコメントできる機能です。
　割り当てられた相手が気づいて対応し、[チェック] アイコンをクリックすると、割り当てた人には「完了通知」が送信されます。割り当てた本人に自動でフォローが入るわけです。

　関係者全員が進捗状況を把握でき、スプレッドシート 上でメンバー同士、声をかけ合うようにしておくことで、マネジャーはアウトプットの管理だけすればよくなります。
　こうすれば、**リモート環境でも、対面以上に互いのコミュニケーションを活性化**できます。
　目の前にいないのに、同じファイルをクラウド上で一緒に操作する体験は、なかなか新鮮で楽しいものです。
　あなたのひと言が、チームの士気を大いに高めることになるかもしれません。顔文字を使ったり、ちょっとした言葉を添えるなど、アナログな感情をうまくプラスしてみてください。
　スプレッドシート は Excel に比べ、こうした人と人とのちょっとした**「確認・調整」機能が大幅に上乗せ**されているというわけです。
　集計する、グラフを作成するといった表計算機能に加え、「確認・調整装置」として活用しましょう。

［自動保存］で「版」の管理に革命を起こす

ところであなたは、もしや、今でもファイルを更新するたびにファイル名に日付や番号を新しくつけ、ファイルを増やしていませんか。

確かに組織の情報共有には、ファイルの命名規則を決めることが重要です。

これまでは、最新の版をファイル名で管理するのが賢いやり方だと信じられてきました。

しかし、この方法は、問題が多くないでしょうか。

ファイルを更新するたびに、新ファイルを作成していると、

- ●どれが最新なのか、ファイル名だけではわからない
- ●途中から［正しいファイル］が複数発生する

など、落とし穴を自ら掘ってしまうことになります。

そろそろ、その習慣そのものを見直してください。

版の管理は、一つのファイルの上で実施しましょう。

「えっ？ それってどういうこと？」そう思われたかもしれません。

前述したとおり、Google のアプリはデータを自動保存してくれます。

そして保存されたデータは、実はすべて残っています。どこに保存されていると思いますか？

スプレッドシート のメニューバーから、［ファイル］そして［変更履歴］、［変更履歴を表示］と3回クリックしてみてください（図表4-14）。

［変更履歴を表示］させると、画面の右側に履歴の一覧が表示されます。いつでも好きな状態をクリックで選んで表示させることができます。

［変更履歴を表示］が有効になっていると、前の版から何が変更されたのかも違う色で表示され、一目瞭然です。この版をそのまま復元したり、新たにコピーを作成して別ファイルにしたりすることもできます。

スプレッドシート はファイルを終了するたび、更新内容が自動的に保存されます。

　たとえ、タブの［×］ボタンにうっかり触れて消してしまったり、パソコンがフリーズしたりしたとしても、背筋が寒くなる思いをする必要はもうありません。ファイルの終了時には、確実に自動保存されているので、作業の続きを別のデバイスからすぐに始めることができます。

　ただし、ずっと続けて編集作業をしているときの保存タイミングはGoogle の AI 任せです。10分前のあの状態に戻したいというとき、残念ながら保存されていなかったということも多々あります。しかし、これには対策があります。

　［上書き保存］をするように、自分でファイルを保存するタイミングを決めることもできるのです。その方法は、**［変更履歴］から［最新の版に名前を付ける］をクリック**して、ファイル名を自分でつければ OK。

　これまでバラバラと増え続けていた「最新版」をすべて一つのファイル内でまとめて管理できます。

　自動保存機能を制して、過去を味方につけ、さらに快適に活用しましょう。

図表4-14 **最新の版と過去の版を一つのファイルで管理**

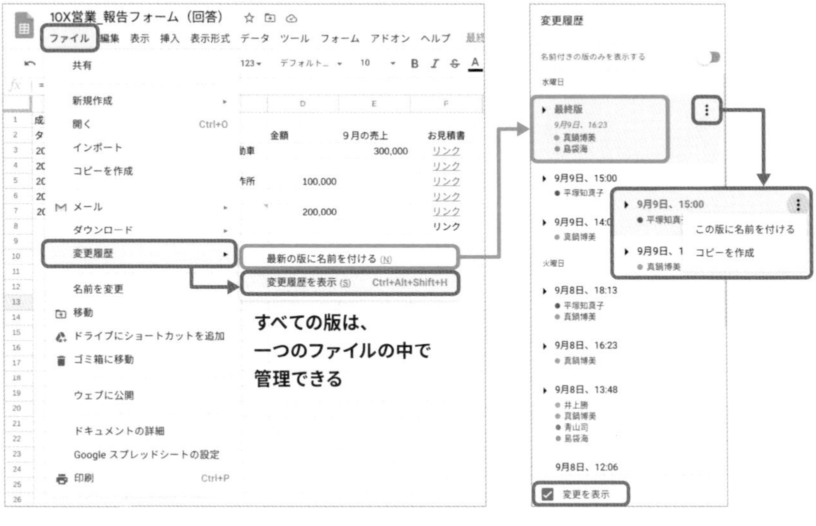

「解決策」ではなく「問題」に恋せよ

「あの……私、いったいどうすればいいんでしょうか？」
　もはや相手は思考停止状態。とても困っている様子。
　こんなとき、あなたは、どんな手助けができるでしょうか。

　2019年に日本で初めて開催されたGoogleの「イノベーターアカデミー」。
冒頭、発せられたのは、こんな言葉でした。

Fall in love with the problem, not the solution.
（解決策ではなく問題に恋せよ）

図表4-15　イノベーターアカデミーのスライドで使われた画像

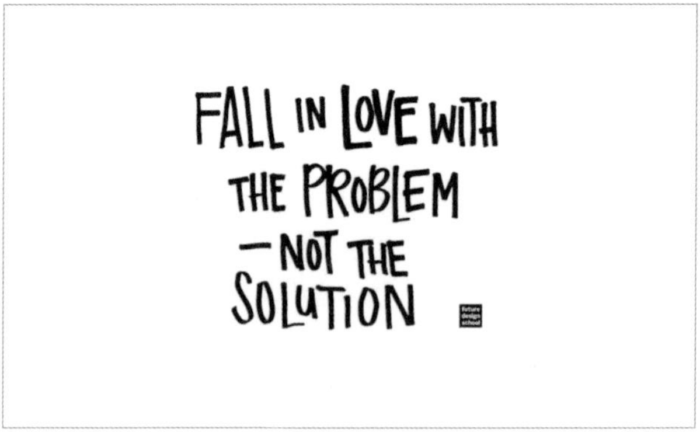

（出典：フューチャーデザインスクール）

　最初聞いたときは「えっ！」と内心思いました。しかし、この言葉をじっくり考えてみたら、確かにそうだと気づきました。
　「問題」を直視するのはできればやりたくない。でも、あえてそこから逃げないことが大事。Googleがナビゲートしてくれる考え方は、いつも新鮮でハッとさせられます。

　ほとんどの人は、イノベーションが素晴らしいアイデアから始まると考えていますが、真実は違います。それは、**素晴らしい質問、つまり解決すべき問題から始まる**のです。

　つまり、問題を定義しなければ、本当の意味での問題解決策を議論することはできません。そのためには、今、何が起きていて、どんな状態なのか。客観的な情報・データを多面的に集めて分析するからこそ、問題の本質に迫ることができるのです。

　だからこそ、**解決策よりも「問題」が大事**なのです。

　とはいえ、その問題は当事者にしか見えていないことが多いものです。
　また、逆に当事者にはなぜか見えていないこともよくあります。
　しかし、それを**誰の目にもあぶり出す**のが、現場の情報を共有する目的の一つだといえます。情報を集め、分析、共有して、問題解決のスピードを上げていきましょう。

3

保管プロセス
整理不要で必要な情報を
秒速発見できる「ドライブ」

　ニューノーマルに向けて、今、話題となっているのが「紙問題」。

　最近、まことしやかにささやかれているのが、紙書類の確認と押印のために出社するのでリモートワークには限界があるというもの。

　確かに、プリンタで出力を行う光景は、オフィスの日常そのものでした。

　一見すると、切っても切り離せない仕事の相棒がプリンタです。郵便物やFAX も紙でオフィスに届きます。大事な契約や確認にはハンコが必要です。リモートワークはあきらめるより他ないのでしょうか。

　いえいえ、そんなことはありません。

　100％この文化をなくすことは難しいでしょうが、減らすことはできます。

　この文化を変えない限り、10X はおろか日本人の生産性が向上するわけがないのです。

「週に 8 時間」と聞いて何かピンときますか？

　これは、一般的なビジネスパーソンが資料やデータなどを**探すことに奪われている時間数**[37] です。

　週に 8 時間というと、まる 1 営業日分がムダになっているのです。

　探している一つひとつの資料は 5 分、10 分ですが、それが 1 日に何度も発生しているのです。きっとあなたも例外ではないでしょう。

　それにしても、こんなに多くの時間、何を探し回っているのでしょうか。

　このムダな時間を減らすために、今すぐできることが 2 つあります。

　一つは、**検索できる**ようにすること。そのためには、アナログの紙文書をデジタル化する必要があります。

---

[37]　出典：「2016年クラウドITの現状レポート」BetterCloud Monitor　2016年1月19日
　　　https://www.bettercloud.com/monitor/state-of-cloud-it-2016/（アクセス日：2020年10月18日）

デジタル文書なら、何百ページあっても、一瞬で検索できます。

ただ、デジタル化すればすべて解決かというと、そうではありません。

今でも、Dropbox や OneDrive、iCloud など、あちこちに情報を保管していませんか。

LINE、Facebook、Chatwork、Slack など、どこでやりとりしたのか忘れてしまうことも多いはずです。

「IT の段差」によって、せっかくデジタル化しても一向に快適にならないのは、**情報を「保管している場所」に問題がある**のです。

だからもう一つは、**情報を一元管理できる場所に保管する**こと。

交通系 IC カードの PASMO（パスモ）や Suica（スイカ）を思い出してください。

以前は、毎回券売機に並んで切符を購入しなくてはいけませんでした。最近では、バスもタクシーもコンビニでの買い物まで、カード 1 枚ですみます。

あなたの情報も、すべてのアプリで作成した文書やデータを縦横無尽に一元管理できたら、どれほど時短になるでしょうか。

すべての紙文書をデジタル化できないように、全デジタル情報を一元管理する方法はありません。しかし、Google のアプリ群で作成、収集したデータについては一元管理できます。

Google ドライブ が ドラえもんの「四次元ポケット」である理由

収集したデータを一元管理する頼れる存在。それが、**ドライブ** です。

ありとあらゆるデータを保管でき、必要な情報を必ず見つけられる「発見装置」。

「名前は聞いたことがあるけれど、使ったことがない」

「一度使ったけれどよくわからず、使うのをあきらめた」

という方、非常に多いです。でも、ご安心ください。

ドライブ を使う最大のメリットは、なんと言っても**精度の高い検索機能**。

私が持つ ドライブ のイメージは、まさに**ドラえもんのひみつ道具、四次元ポケット**です。

「仕事に必要な情報」をなんでも放り込んでおき、手を突っ込むだけで、自動選別機能で望むものがすぐ取り出せます。ドライブ の場合、自動選別機能は検索機能です。

　ただし、ドラえもんのひみつ道具「とりよせバッグ」のように、中に手を突っ込めば、どんなものでも取り出すことができるわけではなく、**あらかじめ自分でポケットに入れておく必要がある**ところがミソです。

　そして、**ドライブ が四次元ポケットよりもすごい**のは、A さんの四次元ポケットと B さんの四次元ポケットをつなげてしまえる**「共有」**機能です。
　これは、A さんのポケットに入れた情報を B さんが自分のポケットから取り出せるということです。

図表4-16　ドライブ はドラえもんの四次元ポケットの進化版

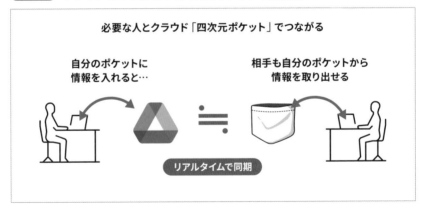

必要な人とクラウド「四次元ポケット」でつながる

自分のポケットに情報を入れると…

相手も自分のポケットから情報を取り出せる

リアルタイムで同期

　突然ですが、あなたは Google が掲げている**ミッション**をご存じでしょうか。これは1998年の創業時から変わっていません。今でも公式サイトに掲載されています（図表4-17）。

図表4-17 **Google のミッション**

| Google | Google について | プロダクト | 取り組み | ストーリー |

> ## Google の使命は、世界中の情報を
> 整理し、世界中の人がアクセスで
> きて使えるようにすることです。

（出典：Google サイト＊38）

　原文はこちらです。

Our mission is to organize the world's information and make it universally accessible and useful.

　今や Google 検索 はカンタンな操作で、数分の1秒の間に関連性の高い検索結果が得られる世界最大の無料検索エンジンとして、広く認知されるようになりました。

　そして Google は世界中に公開されているウェブサイトの情報だけでなく、**ドライブ に保存された「あなたの非公開情報」や「他の誰かから共有された限定公開情報」**も、その検索と AI 技術により、すべてを**いつでもどこでもアクセス可能な状態**にしてくれています。

　必要なファイルを最短最速で発見できるのが、Google を使うメリット。

- **使用・共有するファイルは、クラウド上の ドライブ に保管する**
- **クラウド100%の Google アプリを使って、文書などを作成する**

　この2つを実践し、**Google を使い倒して初めて "本気の時短"** が実現します。

＊38　出典：「Google の使命」https://about.google/intl/ja/（アクセス日：2020年10月18日）

情報の保管場所を、すべて Google のクラウドサーバへ、言ってみれば Google の「共有（シェア）」の概念がすみずみまで行き渡った世界に変えるからこそ、情報に即時アクセスできる環境が手に入るのです。

必要な情報に すぐ到達するための３つのテク

あなたは、アクセスしたい情報をすばやく検索できるタイプでしょうか。それとも、検索は苦手でしょうか。

検索力もまた、リモート強者とリモート弱者の分かれ道です。

ドライブ で情報にすばやくアクセスする、とっておきの３つのテクニックを紹介しましょう。

テク1 ［最近使用したアイテム］で見つける
テク2 ［マイドライブ］から［履歴］→［詳細］をクリックして見つける
テク3 ［ドライブで検索］にキーワード入力後、条件を指定して絞り込む

それぞれ見ていきましょう（図表4-18）。

テク1 ［最近使用したアイテム］で見つける

まず、［ランチャー］からアクセスした ドライブ の画面左をご覧ください。**［最近使用したアイテム］**には、［マイドライブ］のファイルと［共有アイテム］のファイルの両方が、最近自分が使用した順番で格納されています。

［マイドライブ］とは、自分がオーナーのファイルが入っている場所です。

また**［共有アイテム］とは、自分以外の人から共有されたファイル**が入っている場所になります。

図表4-18　**高速で目的の情報にアクセスする**

ドライブ で目的のファイルを見つける3テク

テク1
[最近使用したアイテム]
で見つける

テク3
[ドライブで検索] にキーワード入力後、
条件を指定して絞り込む

テク2
[マイドライブ] から
[履歴]→[詳細] を
クリックして見つける

テク2 [マイドライブ] から [履歴] → [詳細] をクリックして見つける

　自分だけでなく、チームで共有しているファイルを履歴から探す方法です。
[マイドライブ] を選択すると、右上の**情報アイコン [i]** が表示されるの
でクリックします。[詳細] 画面が表示されたら、隣に表示されている [履
歴] をクリックして表示を切り替えます。

　誰かが ドライブ のファイルに変更を加えると、その内容と変更を加えた
ユーザー履歴が一覧表示されます。チームのメンバーが更新したファイルは
現在進行形で動いているプロジェクト。離れていても、他の人が取り組んで
いることを認識できます。

テク3 [ドライブで検索] にキーワード入力後、条件を指定して絞り込む

　最後は ドライブ 全体から目的の情報を検索する方法です。
　一番上に表示されている [ドライブで検索] にキーワードを入力します。

そのままマウスポインタを右へ移動させると、「下向き三角」のアイコンがあります。これをクリックすると、複数の条件を追加しての「絞り込み検索」ができます。

ファイルの種類や保存した場所だけでなく、誰と共有したかを検索できる［共有対象］や、自分に割り当てられたコメントのあるファイルを検索できる［フォローアップ］など、ドライブ ならではの検索条件も使えます。

ドライブ に保存されたあらゆる文書は、**全文検索可能**なので、［**含まれている語句**］での検索をぜひお試しください。**PDF や画像の文字まで、光学文字認識（OCR）技術によって検索対象**となります。ファイル名だけでなく全文検索するので速いのです。

ファイルの所有権は放棄しない

これまでは誰かに情報共有するときは、ファイルをメール添付していました。

また、オンラインストレージを使う場合でも、まずファイルをアップロードし、必要な人がダウンロード。修正があれば、またアップロードして共有し直す必要がありました。

これに比べると、Google の「共有」は**「原本」そのもの**に対する編集やコメント、閲覧の権限を必要な相手に付与するもの。だから、誰かが変更しても、最新の状態が常時共有され続けます。

これによってメールの「行ったり来たり」、クラウドと端末の「行ったり来たり」を完全になくすことができます。

では、「誰」がその権限を付与できるのかというと、「オーナー」です。

オーナーは、「誰」に「どの権限」で「いつまで」、共有するかを決定できます。

メールに添付して共有したファイルの場合は、その所有権を失ってしまいます。メールの添付ファイルをコピーされたり、転送されたりしてもオー

図表4-19　ファイルのオーナー、編集者、閲覧者ができること

[共有] アイコン をクリックしてファイルやフォルダを共有し、
相手に付与する権限を選択。共同編集者はメール通知も受け取れる

	ファイルや フォルダの 削除	ファイルや フォルダの 追加削除	ファイルや フォルダの 共有または 共有解除	ファイルの 編集	ファイルへの コメント追加 または 編集の提案	ファイルや フォルダの 表示
オーナー	✓	✓	✓	✓	✓	✓
編集者	✓	✓	✓	✓	✓	✓
閲覧者 （コメント可）					✓	✓
閲覧者						✓

ナーにはわかりません。いったん共有した後、もう見せたくないと思っても
取り返すことはできません。

　しかし Google なら、オーナーがファイルの共有設定を解除すれば、今
さっきまで閲覧できていたファイルは、その瞬間から見られなくなります。

　また、ファイルを**共有しても、ダウンロードや印刷、転送を禁止すること
も可能**です。

　自分と同じ権限を共有相手に付与するかどうかは、オーナーに決定権があ
るのです。

1300万円かけて導入したシステムを 建設会社があっさり捨てた理由

「ITという最先端技術をうまく活用すれば時短できる、生産性が上がる。
これは絶対に社員に活用してもらわなければ、会社の未来が危うい」

そう確信して、「よーし、わが社に導入しよう」と決めた後に、

「社長！　妙なITツールなんてやめてください」

と、社員に真顔で言われたら、あなたならどうしますか。

そんなあなたに面白い事例を紹介しましょう。

　失礼ながらIT弱者が少なくないといわれる建設会社で、各課の主力社員全員がわずか1年でIT強者に成長。その結果、大幅なコストダウンと生産性向上を実現できた事例です。

　1901年創業、4代目の平山秀樹社長（建設・ホテル業、50代）は、時間外労働の上限規制適用までに猶予期間が設けられている建設業[39]にも、ITを活用した働き方改革が必要不可欠と確信し、10年以上前からGmailを全社に導入していました。

　しかし、自分は便利だと思うものの、社員はITに対してなんの興味も示しません。

　ならばと2016年には、おもいきって1300万円投資して営業支援システムを導入しました。

　営業担当者個人で留まりがちな顧客情報や案件の進捗、商談事例等の営業活動に関わる情報をデータ化して活用。営業の生産性を上げ、現場の効率化を期待しての導入でしたが、自社向けには相当なカスタマイズが必要となりました。

＊39　出典：「建設業における働き方改革」国土交通省
　　　https://www.mlit.go.jp/common/001189945.pdf （アクセス日：2020年10月18日）

意を決して多額の費用をかけて導入したものの、社員からの反応はイマイチ。

冒頭の「社長！　妙な IT ツールなんてやめてください」は、そのときに言われたものです。

何か今のうちから対策しなければいけない。でも、どうすれば社員がやる気になってくれるのか、興味を持ってくれるのか、IT が得意な平山社長には、皆目見当がつきませんでした。

Google ドキュメント を共有して、「便利だから使ってみろ」と言ってみても社員は無反応。このままでは世の中に置いていかれると、社長一人だけ焦りが募る一方でした。

そんなときに、「外部の人の力を借りたらうまくいくかもしれない」と私に相談されたのです。私はまず、社員の方々に Google 活用の初級研修を実施しました。

ポイントは、機能や操作を説明するのではなく、**どんな場面でどんなメリット**があるのか、**クラウドを使うと何がどう変わる**のか。実際に操作をしてもらいながら、社員自らが効果を実感し、今後に期待を持ってもらえるようなトレーニングを実施しました。

この1日研修は「働き方改革委員会」のメンバーである各課の主力社員全員が参加するため、スケジュール調整して2回実施しました。

私が研修で強調したのは次の2つの使い方、**「スタンドアローン」から「シェア」への考え方**です。つまり、

❶ **Google のアプリを一つではなく、複数を組み合わせて使う**
❷ **Google のアプリを一人ではなく、関係する社員全員で使う**

この研修をきっかけに社員たちが徐々に変わり始めたそうです。

Google アプリ群を自分たちで試行錯誤しながらカスタマイズし、今、自分たちが現場で効率が悪いと感じている業務に、一つずつ試してみるようになったのです。そこで時期を見計らい、社員による Google 活用発表会を開

催してもらうことにしました。

　すると、ある社員が考案した スプレッドシート の仕組みに全員が生産性の向上を納得。その場にいた私も、「自分にもできそうだ！」と社内の空気が変わったことを実感しました。

　その後、「1300万円かけて導入したシステムの更新は不要」と社員からはっきりとした回答があったのです。まさか！　と驚いた平山社長の話を聞いてみましょう。

 平山社長談

　社員から報告を受けたときは、本当に大きな衝撃を受けました。

　クラウドを使っていくとしても、絶対にプラットフォームや営業支援システムのようなものが必要で、そのうえでどうしていくかという話になると思っていたからです。

　ところが、社員がそれぞれ必要な部署間で「最適な情報共有を自分たちでやっていく」と言うのですから……。静かなやる気のようなものを感じられて、うれしかったですね。

　部門間の横の連携は、会議などで十分に取れているから、部署ごとで打合せをすればそれで大丈夫だと言っていました。そういう話になるとは思っていなかったので、正直驚きましたよ。

　これまでは、みんな現場のことで頭がいっぱいですから、はじめのうちは「このままじゃいけないぞ、どうするんだ」という話をしても、アイデアが出てくるというより、「じゃあ、どうしたらいいんですか？」という感じでした。ですから社長としてはトップダウンでやるしかないかと思っていました。

　自分で言うのもなんですが、20年以上前からITについてはそれなりに勉強してきたつもりです。社内外のプレゼンもかなりやってきたので、自分ではできていると思っていたのですが、ITについては、私一人ではその価値を社員に伝えることがなかなか難しかった。

　今回、研修を受講し、社員とともに Google 活用スキルや基本的な
IT の常識力、言い換えれば「**IT リテラシー**」を学ぶことの重要性に気
がつきました。初めて社内で共通の言葉が通じるようになったと感じま
したし、会社全体でいろいろなことが変わっていく土壌ができたと実感
しています。

　今回の研修で中核メンバーがきちんとしたスキルを身につければ、社
内で横展開ができることがよくわかりました。あっというまに広がって、
本当に驚きました。

　今まで、アプリは「IT 企業に言われたとおりに使う」という発想だっ
たのが、ドキュメント や スプレッドシート なら「自分たちが思うとお
りに使える」ことがわかりました。それで、自分たちでもこれなら「業
務改善」ができると、自信がついたのでしょう。

　なかには率先して使っている社員もいます。社内向けポータルサイト
を Google サイト というアプリでつくったり、カレンダー を工夫して
便利に使ったり、率先してやってくれたことが社内で手本となり、だん
だん定着していったようです。

　従来の業務フローシステムと同じようなことを スプレッドシート で
できたらと思っていたのですが、それは無理でした。そこで、最近では
スプレッドシート の特性を活かしてどう効率化できるかという発想に
変えました。

　ただ IT ツールは常にセキュリティの問題があります。Word や
Excel でつくった場合は、誰がどこまで見られるようにするかの権限設
定が、社内で実施するにはかなり難しかった。ネットワーク関連のメン
テナンス会社にこの部分を依頼するとかなり高額です。

　でも、スプレッドシート や ドキュメント だと、きちんと設定すれば
セキュリティは間違いがない。業務効率を上げるために仕事のやり方や
発想を今までとは少しだけ変えて、スプレッドシート や ドキュメント
に合わせていくのは大事なことだし、効果抜群だと思っています。

平山社長がおっしゃる「IT リテラシー」を主力社員が身につけること。

そして、自分たちの問題を主体的に解決しようという「行動力」と「社内の連携力」が上がること。この2ステップで会社にとって大きなコストダウンと生産性を10倍に伸ばす組織のインナーマッスルが鍛えられるのです。

最後に、さらに成長スピードが加速するとっておきの方法をお教えしましょう。

本書を読んで、もっと詳しい操作画面が必要だと感じたり、画面がすでに異なっていたりした場合の対処法としても使えます。

それはズバリ、**Google 検索**です。次の3つのポイントを意識してください。

1つ目は「**そのまま検索**」です。

頭に浮かんだ疑問を、**そのまま全部キーワードに分解して入力**します。

たとえば、「スプレッドシート のこの線を消したいけれど、この線の名称がわからない」という場合は、「**スプレッドシート　線　消したい**」で検索。すると「グリッド線」と検索結果に表示されるはずです。

Google の AI に話しかけるように、とにかくそのまま思いついた疑問を入力するのがコツ。**対話するように繰り返し検索する**と、ほしい答えが高い精度で手に入るようになります。

2つ目は、**最近の情報だけを検索結果に表示**させる方法。**検索結果が表示された"直後"に、キーワード入力欄の右下に表示される [ツール] を**クリックします。続いて [期間指定なし] を [1年以内] に変更。これで鮮度の高い新しい情報にすばやくアクセスできます。

3つ目は、「**動画**」や「**画像**」**で検索**する方法。案外良質な情報が入手できます。

自分が本当に必要な情報をクラウドから、今この瞬間に入手して、スピーディに自力で問題解決ができるリモート強者を目指しましょう。

Column 2

「さっさと失敗しろ」という文化が
Google で生まれた理由

　2019年に日本で初めて開催された Google のイノベーターアカデミーでは、「デザイン思考（Design thinking）」が紹介されました。

　デザインというと、「デザイナー以外関係ない話では？」と思いがちですが、本来この言葉には「設計する」という意味があり、**創造的な問題解決のプロセス**を指すものです。

　デザイン思考とは、Google をはじめ大企業が多数採用している「利用者がまだ気づいていない本質的なニーズを見つけ、変革させるためのイノベーション思考」といえます。

　世の中には綿密に計画し、正確な予測を立て、正確な企画書をつくり、リスクを考えてからでないと始められない人が多いのですが、そうしていると時間だけがすぎていきます。

　デザイン思考のワークでは、「**観察**」→「**アイデア出し**」→「**試作**」→「**テスト**」を繰り返し、**できるだけ早く実行する**。Google では「**Fail fast.（さっさと失敗しろ）**」が合言葉。失敗を避けようとするのではなく、むしろ**すぐに失敗してその失敗から学ぶべし**ということです。失敗すると落ち込む……のではなく、次のアクションにつながるうまくいくものといかないものを見分けるために、失敗が必要という考え方です。

　Google では、**フェイル・ベル（失敗の鐘）**を使って失敗をお祝いする文化があります。これは Google のイノベーターアカデミーに参加した先生からお預かりした**実物**。

フェイル・ベル

（著者撮影）

　誰かが失敗すると、「失敗、おめでとう！」とベルを鳴らして盛大に祝うのです。

　こうした**オープン・マインドな文化**が、Google の10X を支えています。今までの常識では、完成させ、完璧な状態になってから人に見せるべきところですが、Google では、「**できていないところ、未完成な部分があっても大丈夫！　全部見せ合い、仲間の力を借りて、もっとよくする**」「**早く学ぶことが大事**」という考え方が大切にされているのです。

Chapter

5

Google式
10Xマネジメント術

遠隔管理ってどうやるの？

課題

セルフマネジメント？

成果主義？

リモート管理を3つに分解すると……

やる気管理	安全管理	タスク管理
Google Classroom	Google アカウント	Google Keep

解決策

目標達成 二人三脚	組織の情報を 安全に管理	次世代メモで タスク管理

目標　**みんなの力を遠隔でも10倍引き出す**

事例　**ゼロ・マネジメントを実現！**

リモート管理は声がけ、
助言のタイミングがつかめない?

「返信の遅い部下に対して、知らず知らずのうちにトゲトゲした対応が増えてしまう」
「最近、部下とのやりとりが激減している気がする……」
「直接会えないのに、いったいどうやって部下の業務管理をすればいいんだ」

　こんな深い悩みを抱えているリーダーに朗報です。
「対面型リアル」から「非対面型デジタル」へ大きく流れが変わった今、自分のマネジメント手法に違和感や疑問をいだいていませんか。
　あなたの直感はきっと正しい。

　これまでとは環境が一変してしまいました。
　これまでうまくいっていた方法が、この先うまくいくとは限りません。
　では、部下やチームメンバーと物理的に離れている状況でも、適切なマネジメントをするために、どんな新しい考え方や方法があるのでしょうか。
　そもそも、マネジメントというと、上司が部下を思いどおりに管理するイメージがあります。管理職というぐらいですから。
　しかし、マネジメントとは**「人が共同して成果を挙げる」**ことが真の目的であり、管理は手段にすぎません。
　マネジメントは、**人を活かす責任、そして組織に高い成果を挙げることに責任**を持つものなのです。

　デジタルツールを使うか、使わないかはさておき、上司はどんな行動を期待されているのでしょうか。
　世界で最も優秀な人材が集まる企業の一つ Google で、「最高の上司」として部下から尊敬されるのは、どんな人なのでしょうか。
　2009 年に実施された大規模社内調査プロジェクトの結果、優れたマネ

ジャーの条件が導き出され、**Google 式10の行動規範**としてまとめられています。

　いったいどんな内容なのでしょうか。

Google で成功する
マネジャー10の行動

　実は Google は、2002年に「すべてのマネジャーを廃止して、管理職のいない組織にする」というユニークな実験を行っています。

　当時の Google では「テクノロジーの会社である Google にとって、エンジニアがのびのびと仕事ができる環境が一番重要。だからマネジャーなんて必要悪でしかない」と考えられていました。

　そこで、この仮説を証明しようと実際にやってみたのです。

　しかし、実験は「失敗」。さらに2008年に調査チームが「マネジャーは重要な存在ではない」ことを証明しようと試みますが、これは正反対であることが判明。つまり、マネジャーは極めて重要な存在だとわかったのです。

　2009年には、コードネーム「Project Oxygen」という調査プロジェクトが実施されました。つまり、Google にとって**マネジャーは Oxygen（酸素）**であるという意思表示。ついに「マネジャーは重要か」から「すべての Google 社員が素晴らしいマネジャーに恵まれたらどうなるか？」にテーマが移り、Google における優れたマネジャーの条件とは何かを正確に突き止める調査がスタートしたのです。

　Project Oxygen では、Google らしく大量のデータが解析されました。

　その結果、グーグラーをして「自分たちが一番驚いた」と言わしめるほど予想に反した上司像、**最も優れたマネジャーに共通に見られる行動**が明らかになったのです。

　次の図表5-1は、数々の研究の成果から導き出された **Google 式「優れたマネジャーの条件」**です。

図表5-1 **Google 式「優れたマネジャーの条件」**

（出典：Google サイト＊40）

＊40　出典：「ガイド：優れたマネジャーの要件を特定する」Google re:Work
https://rework.withgoogle.com/jp/guides/managers-identify-what-makes-a-great-manager/
（アクセス日：2020年10月18日）

　世界最先端を走る Google だから、さぞ異次元の結果が出ると思いきや、意外とあたりまえのことを言っている……。そんな感想を持たれたかもしれません。

　この 10 の行動規範は、**重視したい順**に並んでおり、「ビジョンや戦略」より前に、部下の力を引き出す**「関係性」**や**「対話の必要性」**が説かれています。

　自分はどこが足りないんだろう？　他のうまくいっていないチームのマネジャーはどうだろう？　などとマネジャー同士が話し合うヒントに使うと効果的です。

　この調査が実施されるまで、Google の方針は、優秀な技術者をできるだけ自由にして好きなことをさせ、何か問題が起きたときは技術的に優れているマネジャーが指導することになっていました。

　しかし、1 万人以上の管理職を対象に、100 以上の変数を設定してデータ分析した結果、最も重視していた**「技術力」の優先順位は最も低かった**のです。

　そこで、Google はすぐに方針を撤回。左記の「Google マネージャーの行動規範」が現在でもマネジメント開発プログラムの基本方針に据えられています。

　その成果は上々！　Google は内部で優れたマネジャーを育成することに成功したのです。

　こうした Google の知見を参考に、改めて自分のマネジメントを確認してみてはどうでしょうか。

　そして、これに沿ったサポートを**リモートオンリーで部下に実施**できれば、ただのリモート強者だけでなく、**リモートマネジメント強者**になれます。

　本章では、全員の力を引き出し、チームの成果を飛躍的に伸ばすためにできることを**「やる気管理」** → **「安全管理」** → **「タスク管理」**という 3 つの視点から見ていきましょう。

リモート管理を
劇的に変える３アプリ

リモート管理を劇的に変える武器は、次の３アプリです。

Google Classroom	Google アカウント	Google Keep
学習管理	アカウント管理	多機能メモ
やる気管理	安全管理	タスク管理

では、各アプリの概要を説明しましょう。

やる気管理：【Google Classroom】

Google Classroom（クラスルーム）は、文字どおり「クラウド上の教室」を意味する**学習管理アプリ**です。

Google とアメリカ国内の教育者が共同で開発。教師は Classroom を利用することで、課題の出題・採点・フィードバックを一元的にできます。

教育向けのツールですが、一般企業でも、社員のやる気管理や新人研修に活用できます。これさえあれば、まるでチーム専用の「バーチャルオフィス」を手に入れたようなもの。課題、予定、ファイルなど、データはすべて「クラス」にひもづけて情報を集約できます。教師・生徒ともに、クラスのカレンダー や ドライブ から予定や資料を確認できます。

安全管理：【Google アカウント】

Google アカウントを作成するだけで、Google が提供するさまざまなサービスを利用できます。さらに、このアカウントというアプリ*41 は、あ

---

*41 「Google アカウント」は［ランチャー］をクリックすると常時表示されている。厳密には「アプリ」といわないかもしれないが、本書ではアプリ（サービス）の一つとして扱い、紹介する

なたが Google に預けている自分の情報、プライバシー、セキュリティをさ
らに強化したり、利便性を高めたりと管理できるスグレモノ。クラウドを安
心して利用するためにも、安全な使い方を覚えておきましょう。

タスク管理：【Google Keep】

　Google Keep は、Google の**ビジネス向け多機能メモアプリ**です。

　Google Keep はモバイル活用にとても向いていて、**音声入力**、**写真にメ
モを追加**など、シンプルかつ直感的に活用できます。

　リマインダーもついています。

　リマインダーとは、あらかじめ決めておいた仕事や予定に対して期限を設
定しておくと、その期限に近づいたときにパソコンでは「ポップアップ」、
スマホでは「通知」で、利用者に思い出させてくれる機能です。

　メモは記録するだけでなく、必要なときに活用できなければ意味がありま
せん。

　Keep は、あらゆる端末でリアルタイムに必要な相手と共有できるため、
ポスト・イットを相手のデスクに貼る感覚で、距離を超えて「些細なやりと
り」を完了できます。

　さらに、メモだけでなく、チェックリストにもなります。チームで協働し
ている業務を共有し、タスク管理として使えます。

　この3つの管理アプリを使って、リモート強者は、どのように新しいマネ
ジメントを実現させていくのでしょうか。さっそく見ていきましょう。

1

「Classroom」で対話の場を常設する

　いきなりですが、上司から「今、何をやっているの？」「ちゃんと働いているの？」というメッセージが毎日届いたら、どんな気持ちになりますか。

　最近、「部下が積極的に動いてくれないから」「自分で考えようとせず、正解を与えられるのを待っているから」という理由で、部下に30分ごとに報告させたり、受信から10分以内に返信するように迫ったりする上司が増えているそうです。

　こうした上司の過干渉的管理を「**マイクロマネジメント**」と呼びます。

　果たして、こんなことをして効果はあるのでしょうか。

　今、必要なアプローチは**真逆**です。

　前述した「Google マネージャーの行動規範」の2つ目に「チームに任せ、細かく管理しない」とあったとおり、マネージャーがやるべきことは管理や監視ではなく**対話**です。

　今日からは、対話は対面よりも**リモートのほうが効果的かつ手軽に実施**できると発想を変えてみてください。そのための武器が「Classroom」です。

　Classroom とは「クラウド上の教室」、つまりクラウド上の学び場です。

　Classroom には教師と生徒という2つの役割があり、ビジネスパーソンが使う場合、上司を教師、部下を生徒に割り当ててみてください。

　Classroom を使えば、**書類を配付し回収する**というアナログ作業をクラウド上でシンプルかつリアルタイムに行うことができます。書類がデジタル化されるので、**その場にいなくてもリモートで完了、記録も残ります**。

　メールにファイルを添付する従来の方法もありますが、Classroom なら、一見同じ作業でも**「情報の一元管理」がとてもカンタン**です。

図表5-2　**Classroom でできることと活用のメリット**

上司
（教師）

部下
（生徒）

できること		活用メリット	
配付し、回収する ▶	1 リモートで完了	1 予約配信で定期的な声がけを自動化	
	2 データ自動連携	2 提出書類やスケジュールを一元管理	
	3 予約配信	3 一度作成した投稿は、何度でも流用	
	4 提出状況が一目瞭然	4 プロセス共有で早めに声がけ	
	5 プロセスも共有	5 1対1でも、1対多でも必要に応じてやりとり	

　というのも、提出書類は**自動的に ドライブ に保存**され、締切を設定すれば、スケジュールが **カレンダー に自動登録**されるため、何もしなくてもデータ連携され、毎回メールを探す時間がゼロになるからです。

　Classroom でできることと活用のメリットを図表5-2にまとめました。他にも、同じメンバーへの一斉連絡、個別連絡が自由に設定でき、予約投稿もできるため、時間のあるときに、継続的な声がけややりとりを自動化できます。

　たとえば、次のような作業も計画的に実行できます。

- **毎月1回の定例会議の前に報告の記入を促す投稿を半年先まで設定する**
- **時間内で作業を終了させるために、夕方のメッセージを自動化しておく**
- **時間のあるときにちょっとした雑談を入力、適切な時間帯に予約投稿して、社員からも週末の様子を共有してもらうきっかけをつくる　など**

　Classroom に投稿した内容は Gmail にも自動通知されるため、見落としもありません。マネジャーが複数の部下に対して、異なる書類提出の締切を設定しても、カレンダー で一元管理でき、うっかりミスがなくなります。

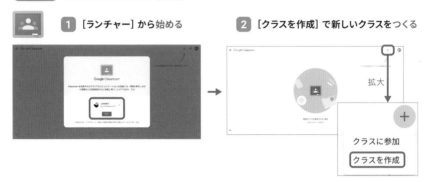

図表5-3 **Classroom** の基本操作

1 ［ランチャー］から始める

2 ［クラスを作成］で新しいクラスをつくる

拡大

クラスに参加

クラスを作成

図表5-4 クラスごとにグループで管理できる

3 共有

クラスは、いくつでもすぐに作成。
Classroom のトップページには
所属するクラスの一覧が表示

［メンバー］ページからクラスに生徒を追加する
一つのクラスの教師数の上限は**20人**、
メンバー（教師と生徒）の上限は**250人**

クリックで
［クラス］にアクセス

［ストリーム］
［授業］
［メンバー］
［採点］
4画面で管理する

クラス専用 **Google Meet**
へのリンク

使うのは［ストリーム］と［授業］
・［ストリーム］ですべての投稿を確認
・［授業］で提出物や配付物を管理

　Classroom には、複数の「クラス」をつくることができます。それぞれ
のクラスに「教師」や「生徒」を招待することで、クラウド上に「秘密の部

屋」ができあがります。招待された人だけにクラスが表示されます。

　図表5-3のとおり、Classroom にアクセスして、画面右上の［＋］をクリックし、［クラスを作成］を選択します。［クラス名］を入力して［作成］であなたの「クラス」が完成します。

　クラスをつくったり、招待されたりすると、**図表5-4**のように複数のクラスが表示されるようになります。

Classroom を社員の対話と フィードバックに使う方法

　どんな会社の社員でも、今、会社がどんな目標を立てて動いているのか。自分のチームが今月、何を目指して頑張るべきなのか。具体的に自分がどんな行動や貢献をすれば評価されるのか、知りたがっています。

　さらに、社内で自分の貢献がきちんと評価され、結果がフィードバックされることを望んでいます。

図表5-5　配付・回収、会話のきっかけをリモートで管理

既読確認、未提出者への催促、提出物管理もラクラク！

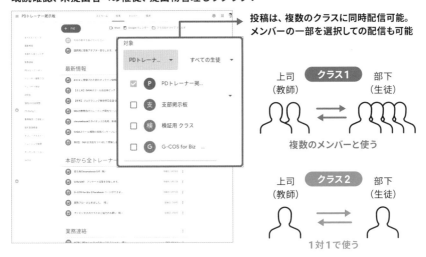

今、マネジャーに求められるのは、この**対話のサイクルをつくること**です。

社員に様子を尋ねるのは、直接会ったり電話をかけたりしなくても、Classroom からの一斉連絡で十分です。前の**図表5-5**のように、連絡・配付・回収がリモートでも自由自在。その後、個別に、あるいはグループでメッセージをやりとりできます。リモートだからこそ、**気軽にコンタクトできる環境**をつくることがとても大切です。

Classroom と Google Meet も連携しています。

Google Meet で「**オフィスアワー**」を設けるのも効果的です。

オフィスアワーとは、メンバーの個人的な質問や相談を受けるために、上司が自室で待機している時間帯のこと。これで気軽に話しかけてもらえるきっかけを提供できます。

クラスはいくつでも作成できます。必要に応じてメンバー全員を一つのクラスにまとめたり、ごく少数でクラスを作成したり、工夫してみてください。

共有すべき情報が自動で相手に確実に届き、部下の気持ちや業務の進捗状況を、**離れていても把握でき、プロセスが見える化**されます。

ぜひご活用ください。

「13の秘密の質問」で Google 式優れた上司になる方法

多くの上司は日々、部下の生産性を高めるために腐心しています。

どうしたら、やる気を引き出せるか。

どうしたら、自分から積極的にどんどん動いてくれるか。

どうしたら、効率よく仕事を進めてくれるか。

それがわかれば苦労はないのですが、すぐにできるとてもカンタンな方法があります。

Google の研究成果が公式サイトで公開されています。この実証済で効果絶大な研究成果をあなたも応用してみてはどうでしょうか。

通常、フィードバックは、上司から部下に対して行われるものですが、

Google では逆に部下から上司に行われる「アップワード（上方）フィード
バック調査[*42]」が定期的に行われています。

　マネジャーに対する社員からのフィードバックは半年ごと。アンケートに
は3人以上が匿名で回答し、集計後のフィードバックレポートを対象となる
本人が受け取ります。

　このフィードバックは「評価」ではなく、あくまでマネジャーの「育成」
が目的。

　なんともオープンでストレートですが、効果がありそうですよね。

　全部で13の項目に対し、「非常にそう思う」が5、「まったくそう思わな
い」が1で、5段階のうち当てはまるものを回答するように求められます。
その内容がこれです。

1.　マネージャーとして他の人に推薦できる。
2.　能力を伸ばせる機会を与えて、キャリア開発をサポートしてくれる。
3.　チームに明確な目標を伝えている。
4.　具体的にアクションできるフィードバックを定期的に提供してくれる。
5.　仕事に関して自主性を尊重してくれる（マイクロマネジメントをしない）。
6.　1人の人間として常に思いやりを示してくれる。
7.　困難な状況においてもチームが最優先の仕事に集中できるように取り
　　計らってくれる（他のプロジェクトを断ったり、優先順位を下げたり
　　することが必要となる時など）。
8.　上層部からの重要な情報を随時伝えてくれる。
9.　過去半年の間に、自分のキャリア形成について有意義な話し合いの場
　　を設けてくれた。
10.　部下を効果的にマネジメントするための専門知識（技術的知識、セー
　　ルスの知識、経理の知識など）を有している。
11.　マネージャーとの間で意見の相違があったとしても、自分の意見を尊

[*42] 出典：「ガイド：マネージャーにフィードバックを提供する」Google re:Work
https://rework.withgoogle.com/jp/guides/managers-give-feedback-to-managers/
（アクセス日：2020年10月18日）

重してくれていることが行動から伝わる。

12. 困難な状況においても優れた意思決定を行える（複数のチームに関連したり、関係者間での優先順位が異なったりしている状況など）。

13. チームや組織の枠を超えたコラボレーションを効率よく行える。

　各項目は「Google マネージャーの行動規範」に基づいており、Google 公式サイトであなたがすぐに使えるよう、ドキュメント と フォーム でテンプレートが共有されています。

　上司としてやるべき行動が、かなり具体的で明確になったと思いませんか。これだけやれたら、あなたも優れた上司です。

　フィードバックとは、**相手の行動に対して自分の言葉で伝える技術**です。

　相手を大切に思い、成功するようにサポートしたい気持ちがあるからこそ、相手にも響きます。

　フィードバックには肯定的なもの（ポジティブフィードバック）と改善を促すもの（ネガティブフィードバック）がありますが、両方のアプローチによってメンバーのやる気を引き出すことができます。

　まずは、相手の話をしっかり聞き、必要な情報を提供する対話を Classroom で設定してみましょう。

　次節ではリモートワークで欠かせない、グループの情報共有を安全安心にする Google アカウントについて解説します。

2

「Google アカウント」で
安心してクラウドを使い倒す

　今さらですが、Google のサービスを利用するには「Google アカウント」が必要です。

　毎日利用していても、改めて「アカウント」といわれるとピンとこない方も多いかもしれません。

　しかし、アカウントのおかげで、クラウド時代の自分の大切なデータを安全な金庫のごとく、しっかりと守ってもらえるのです。

　ここがきちんと腹落ちしていないと、リモート弱者のまま、メチャクチャ損します。

　LINE には LINE の、Yahoo! には Yahoo! の、Twitter には Twitter のアカウントがあります。アカウントを他社のサービスにそのまま使い回すことはできません。パスワードもサービスごとに変えましょう。

　リモートワーク全盛の今、何もかもがデジタル化されつつありますが、情報を安全に利用したり、保管したりするために使われているのが「アカウント」です。

　セキュリティやプライバシーを守るために、ユーザー側でもやっておくべきことがあります。もちろん今、何をやればいいか思いつかなくても大丈夫です。Google アカウントならわかりやすくナビゲートしてくれるので、たった一人でも正しく設定できます。

Google アカウントで
セキュリティを強化する方法

　たった数分で、あなたの Google アカウントの安全性が確保されているか

確認できます。これは会社の情報セキュリティの向上にも寄与します。

ほんの数分で終了するので、絶対にやっておいてください。

まず、アカウントにログインしてから、「**セキュリティ診断**」を実施してください。手順は**図表5-6**のとおりです。

まさか「**重大なセキュリティの問題が見つかりました**」と表示されていませんよね？（**図表5-6 ④**）

その場合はすぐに［**対応する**］をクリックし、表示される手順に従ってセキュリティを強化してください。「**問題はありません**」と表示されればひと安心。今後も定期的に実施しましょう。

できることは次のとおりです。

- **お使いのデバイス**：最近ログインしていない端末からログアウトすることができる
- **最近のセキュリティ イベント**：最近ログインした端末は自分の手によるものか、パスワードの変更が最近行われたかどうかを確認できる
- **ログインと再設定**：緊急用の予備メールアドレス・電話番号などを設定しておく
- **Google へのログイン（スマホからのアクセス時のみ表示）**：スマホを使用してログインを設定、2段階認証を設定。カンタンなのにとても効果的なので次項で解説
- **サードパーティによるアクセス**：機密情報にアクセスする可能性のある第三者（サードパーティ）、Google アカウント権限利用アプリの一覧が確認できる。不要なら削除しておく
- **Gmail の設定**：送信メールの送信者名、メールアドレスのブロックリストを確認する
- **保存したパスワード**：アカウントに保存したパスワードが安全かどうかを確認。漏洩パスワードの有無、パスワードの使い回し、脆弱なパスワードをチェックし変更できる

図表5-6 「セキュリティ診断」でセキュリティを強化する

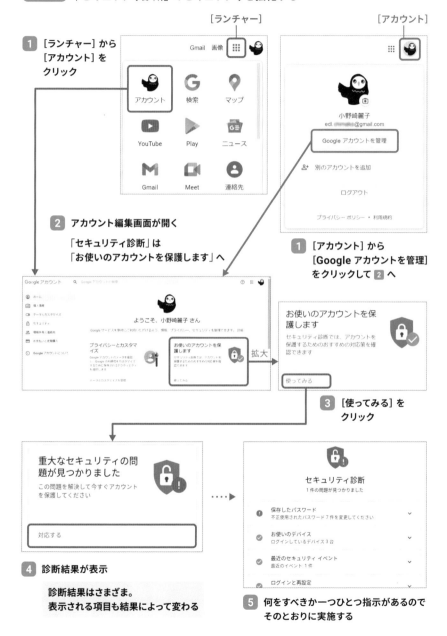

[ランチャー]

1 [ランチャー] から
[アカウント] を
クリック

[アカウント]

2 アカウント編集画面が開く

「セキュリティ診断」は
「お使いのアカウントを保護します」へ

1 [アカウント] から
[Google アカウントを管理]
をクリックして 2 へ

お使いのアカウントを保
護します

セキュリティ診断では、アカウントを
保護するためのおすすめの対応策を確
認できます

3 [使ってみる] を
クリック

重大なセキュリティの問
題が見つかりました

この問題を解決して今すぐアカウント
を保護してください

対応する

セキュリティ診断
1件の問題が見つかりました

保存したパスワード
不正使用されたパスワード7件を変更してください

お使いのデバイス
ログインしているデバイス 3台

最近のセキュリティ イベント
直近のイベント 1件

ログインと再設定

4 診断結果が表示

診断結果はさまざま。
表示される項目も結果によって変わる

5 何をすべきか一つひとつ指示があるので
そのとおりに実施する

強固なパスワードと
２段階認証を設定する

　アカウントを乗っ取ろうとする大量の攻撃は、毎日のように発生しています。

　ちょっと古いですが、2013 年の記事によると、Google は攻撃者が数週間にわたって毎日 100 万件の Google アカウントへのログインを試みたのを確認。さらに別のグループは１秒当たり 100 アカウント以上にログインしようとしていたといいます。怖いですね。

　アカウントとその中のデータにアクセスできなくなったら、大変なことになります。リモート強者がやっているのは、**強固なパスワードと２段階認証プロセスの設定**です。
　この**たった２つさえやれば、セキュリティは別次元に強化**できます。

　まずは、**パスワード**から。
　あなたは、「絶対に忘れない、強固なパスワード」のつくり方、ご存じでしょうか。私のおすすめは、「**パスフレーズ**」。Google シドニーで教えてもらったテクニックです。思いつきでつくったパスワードは、すぐに忘れてしまいます。**パスワードは「ルールを決めてからつくる」が鉄則**。一度決めたら必ず守りましょう。

　パスフレーズは「コアパスワード」と「サービス名称」を組み合わせてつくります。コアパスワードは一度決めたら毎回同じもので OK、ただし最後にサービス名を追加して完成です。そうすれば、サービスごとに違うパスワードとなり、安全性がアップします。

　手順は次の５ステップ。
❶ まず**単語を一つ決める**（例：10X）→ tenx
❷ 最初と最後は**大文字**にする→ TenX

❸ 好きな**4桁の数字**を追加する（「さあ、いくよ」で3194）→ TenX3194
　　これを**「コアパスワード」として毎回使用**

❹ **ハイフンと利用サービス名称**を追加する→ TenX3194-Google

❺ 最後に**「！」や「＄」などの記号**を入れる→ TenX3194-Google!

完成です。これで16文字。大文字・小文字・数字・特殊文字で12文字以上あれば完璧です。コアパスワードがいつも同じパスフレーズを使えば最強で、忘れません。

　さらに、**2段階認証プロセス**を使えば、パスワードが盗まれても、アカウントの不正使用を防止できます。

　Google が行った、ニューヨーク大学とカリフォルニア大学との1年にわたる調査の結果、2段階認証さえ設定していれば、コンピュータを外部から遠隔操作するためのコンピュータウイルス、ボット[*43]による自動攻撃を100％、不特定多数を狙ったフィッシング攻撃を99％、標的型攻撃を90％、防ぐことができたといいます[*44]。

　万一、1段階目のログインパスワードが突破されても、もう一つの2段階目の認証プロセスで不正ログインをブロック。ユーザーレベルで強固なセキュリティを実現できるからです。

「Google 2段階認証」で検索すれば、Google 公式サイトでわかりやすく説明された設定手順のウェブページを見つけられます。メンバー全員に設定を義務づけましょう。

　ところで、セキュリティと同じくらい大事なものが**プライバシー**です。人には公開したくない自分のデータ。普段意識したことがない方も、この機会に考えてみましょう。

---

*43　「ロボット」の略。「コンピューターで、人の代わりに自動的に実行するプログラムの総称。コンピューターウイルスの一種で、悪意ある攻撃者による指令を、外部から自由に実行できるようにするプログラムや、サーチエンジンのデータベースを作成する専用ソフトウエアであるサーチボットなどがある」（出典：小学館「デジタル大辞泉」）

*44　出典：「最新の研究結果：アカウントの不正利用を防止する基本的な方法とその効果」Google Japan Blog 2019年5月27日　https://japan.googleblog.com/2019/05/new-research-how-effective-is-basic.html（アクセス日：2020年10月18日）

Google に渡すデータを 自己管理する「プライバシー診断」

　何を隠そう、Google アカウントにはあなたのありとあらゆるデータがひもづけられ、守られています。Google にデータを渡すからこそ、利便性がいっそう高まるのです。

　私たち利用者は、Google が収集し、各種サービスで利用するデータについて関心を持って**管理**していくことが大切。これも時代が求める情報活用能力の一つです。

　Google は、大企業として初めて汎用的な顔認識機能を市販しない決定をするとともに、監視目的での AI 技術の使用や、販売を禁じる AI 利用における基本方針を策定しています[45]。

　さらに 2019 年には、アクティビティ管理の自動削除[46] を導入。ロケーション履歴、検索、音声録音、YouTube のアクティビティデータを 3 か月または 18 か月後に自動的かつ継続的に削除できるようにしました。

　とはいえ、プライバシーに対する考え方は人によってさまざま。ここで**「プライバシー診断」**というツールを使うと、自分に合ったプライバシー設定を Google アカウントに採用できます。さっそくやってみましょう。

　「プライバシー診断」は、157 ページ**図表 5-6** の「セキュリティ診断」の左側に表示されている「プライバシーとカスタマイズ」の ［データとカスタマイズを管理］をクリックします。

　［使ってみる］をクリックして「プライバシー診断」が開始されると、**図表 5-7** のとおり、Google アカウントで設定できる各項目について確認し、

---

[45] 出典：「Google と AI：私たちの基本理念」Google Japan Blog 2018 年 6 月 18 日
　　https://japan.googleblog.com/2018/06/ai-principles.html（アクセス日：2020 年 10 月 3 日）

[46] 出典：「ユーザーの情報を安全に保つ」Google Japan Blog 2020 年 6 月 26 日
　　https://japan.googleblog.com/2020/06/keeping-private-information-private.html
　　（アクセス日：2020 年 10 月 8 日）

データを管理できます。

　今使っているアカウントで、アクティビティデータを保存するかどうかを項目ごとに選択していきましょう。「有効」にすると、Google マップ での適切な通勤経路の表示や、すばやい検索結果の表示など Google のサービスをさらに速く活用できます。

　ご自身でどこまで Google に情報の保存を許可するかを一つずつ決める作業になります。

図表 5-7　「プライバシー診断」でできること

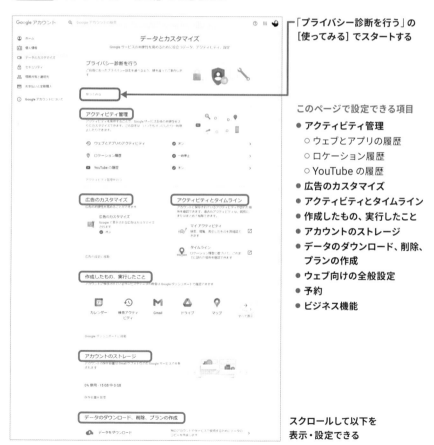

「プライバシー診断を行う」の[使ってみる]でスタートする

このページで設定できる項目
- アクティビティ管理
  ○ ウェブとアプリの履歴
  ○ ロケーション履歴
  ○ YouTube の履歴
- 広告のカスタマイズ
- アクティビティとタイムライン
- 作成したもの、実行したこと
- アカウントのストレージ
- データのダウンロード、削除、プランの作成
- ウェブ向けの全般設定
- 予約
- ビジネス機能

スクロールして以下を表示・設定できる

3

「Google Keep」で
次世代型遠隔タスク管理

あなたは、脳の「外づけハードディスク」を持っていますか。

それがあれば、頑張って自分の脳に記憶させなくてもいいのです。

ハードディスクといっても、大げさなものをイメージしなくて大丈夫。

みなさんも付せんをパソコンや手帳に貼りつけたりしますよね。それで十分。

この本物の付せんよりも Google が無料で提供している、さらに優秀なデジタル付せんがあるのをご存じでしょうか。

これをリマインダーで追加しておけば忘れてしまっても OK。

必要なタイミングでフッと目の前に現れてくれるのですぐに思い出せます。

時には、メモしておかなきゃと思っても紙とペンがない場合もあるでしょう。でも、そんなときでもスマホは持っていると思います。

Google Keep（グーグルキープ）は、Google が開発した**デジタルメモアプリ**です。

ビジネスパーソンには、次の5つのメリットがあります。

❶ **絶対に紛失しないメモ（検索可）**
❷ **一度入力したら忘れても OK（リマインダー）**
❸ **音声・手書き・写真・文字入力で瞬間自動保存**
❹ **必要な相手とリアルタイム共有**
❺ **メモ単位でリマインダーを日時と場所で設定可能**

頭の中で今日はあれをやって、次にこれをやってと考えているだけでいっぱいになってしまう脳のメモリの負担軽減に、外づけの Google Keep を追加しましょう。

図表5-8 **Google Keep の基本操作**

自分や部下のタスク管理に活用する

Keep は、パソコンだけでなく、スマホでも大いに使えるアプリです。

そして、他の Google アプリ同様、メンバーと一緒に使えます。

図表 5-8 が Google Keep の画面になります。

メモやリストを手軽に追加できるだけでなく、誰かと共有して、同時に編集できます。どんな場面で使うと効果的なのでしょうか。

一番のおすすめは、「**進捗共有メモ**」です。

誰に何を指示したか、いつまでにやると約束したか、どのように進めていくかといった上司の仕事も、Google Keep にメモしておけば、指示漏れ、指示忘れが防げます。

次の**図表 5-9** は、「進捗共有メモ」のサンプルです。このように、[メモ]をカテゴリ別に色分けすると見やすくなります。

これは全部で 8 枚の [メモ] を 1 枚ずつ作成し、リスト表示で並べたもの

です。それぞれのメモは関係者と共有されています。

図表5-9 Google Keep を進捗管理に使う

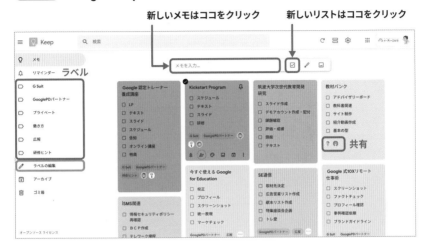

新しいメモはココをクリック　**新しいリストはココをクリック**

　まずは、やってみましょう。**図表5-9**画面上部にある［メモを入力］をクリックすると、［メモ］の入力画面になります。

　このとき、［メモを入力］ではなく、［チェックボックス］アイコンをクリックすると、［リスト］の入力画面に切り替わります（**図表5-10**）。タイトルには、業務やプロジェクト名を入力し、［＋リスト アイテム］にタスクを入力しましょう。入力すると、すぐに自動保存されます。

図表5-10 Google Keep に［メモ］を追加

［タイトル］にプロジェクト名やテーマ

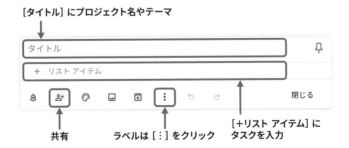

共有　　　　**ラベルは［︙］をクリック**　　　**［＋リスト アイテム］に
タスクを入力**

図表 5-11　メモやリストにラベルや色を追加する

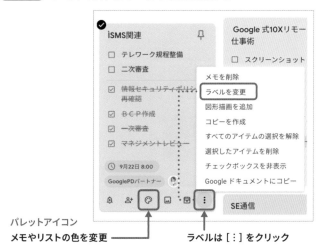

パレットアイコン
メモやリストの色を変更

ラベルは［⋮］をクリック

　次に「ラベル」をつけてみましょう。ラベルをつけておくと、後からラベルで検索できます。ラベルは、付せんのように、一つのメモやリストに複数つけることができます。

　プロジェクトやテーマだけでなく、業務の進捗ステータスや担当者別にラベルをつくっておいても OK です。作成したラベルは**図表5-9**のように画面左側に一覧が表示され、クリックすると、ラベル別にメモやリストが整列します。一瞬で必要なメモを発見できます。
　ラベルの新規作成、削除、変更は［ラベルの編集］をクリックしてできます。
　メモやリストの色を変えるには、［パレット］アイコンをクリックしましょう（**図表5-11**）。
　［共有］はいつもの人型のアイコンで、名前かメールアドレスを入力して［保存］するだけです。

　共有されたメモは、未読の場合、次の**図表5-12**のとおり目立つように色

が黒ずんでいます。クリックしてメモを開くと、メモを作成した人のアイコンと共有された日時が画面右下に表示されますので、メモが誰からいつ共有されたのか一目でわかります。誰かが更新すれば、最新版に更新されます。

　最後に、**Google Keep で最もおすすめの機能**を紹介しましょう。

　スマホで撮影した写真に写る活字を自動で読み込み、一瞬でテキストデータにして保存してくれる機能です。

　新聞やチラシ、セミナースライドの写真などの文字がかなりの精度で抽出されるので、毎回驚きです。コツは**明るいところで写真を撮影すること**。図表5-13の手順でやってみてください。

　Google Keep で手軽に情報をデジタル化して共有を日常化し、リモート強者になりましょう。紛失、思い違い、確認ミス、忘れもの、伝え忘れ……こんな「些細な問題」であなたの貴重な時間は静かに奪われていきます。些細な問題だからこそ、確実に処理・解決する仕組みをつくり、チーム全員で実践していきましょう。

　使い方はアイデア次第。あなたのリモートマネジメントツールに、ぜひGoogle Keep を加えてみてください。

図表 5-13　**Google Keep** なら画像の文字起こしが一瞬で完了

スマホ画面

画像アイコン>[写真を撮影]>写真をタップ>[:]>[画像のテキストを抽出]

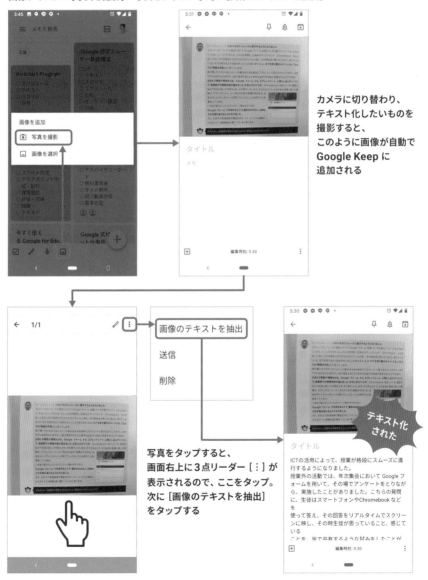

カメラに切り替わり、
テキスト化したいものを
撮影すると、
このように画像が自動で
Google Keep に
追加される

写真をタップすると、
画面右上に3点リーダー [:] が
表示されるので、ここをタップ。
次に [画像のテキストを抽出]
をタップする

テキスト化
された

Google が
一番大切にしている原則

Google が一番大切にしている原則。

それは、"Focus on the user and all else will follow."

意味は、**ユーザーに焦点を絞れば、他のものはみな後からついてくる。**

Google の新入社員は、必ず 10X についての研修を受けるそうで、私もシドニーの研修で直接教わりました。具体的には、ユーザーと対話しながら共感するのがポイントです。

耳を傾け、観察し、理解し、共感し、統合し、それを可視化できるよう洞察します。

デザイン思考の核となる原則の一つも、ユーザーを理解することです。

グーグラーたちの書いたコラムやブログ、本のさまざまな箇所にこの原則が登場するのを見れば、Google がいかに本気でこの原則を重視しているかがわかります。

さらにこの原則は、Google 公式サイトの「Google が掲げる10の事実」の最初にも掲載されています。

ぜひあなたも Google 検索でこの「10の事実」を検索してみてください。

ここでは詳細を紹介しませんが、サイトでお読みいただくと、また新しい発見があるかもしれません。

Google がこの「10の事実」を策定したのは、会社設立から数年後のこと。グーグラーは、常にこの原則に沿うよう努めているのです。

Google のように世界中に正社員が10万人以上もいる大企業になれば、会社のビジョンがなかなか伝わりにくくなるはずなのに、社員一人ひとりに浸透しているのはすごいことだと思います。

「第1ボタン」をかけ違えると、その後のボタンは全部ズレてしまいます。

Google にとっての第1ボタンはユーザー。

誰のために、なぜそれを実行するのか、誰のためのサービスなのか、絶対に間違えてはいけない重要なメッセージです。

事例

毎月300人超の受講生を
たった2名でリモート運営

　今やネットを使えば、知識はほぼ無料で手に入る時代。YouTube や検索でどんな分野のノウハウでもひととおり学べます。

　こんな時代に、オンラインで教育型ビジネス構築を学ぶコミュニティを築いた人がいます。しかも年会費が100万円超ながら300人以上の会員を獲得したというからすごい。

　しかもこの間、わずか3年。リモート支援ながら、1000名以上の受講生の中の100名以上が、ゼロからたった3か月で月商100万円突破。

　なぜこんなにうまくいったのでしょうか。

　独自のビジネスモデルを構築した小林 正弥社長（教育ビジネス業、30代）が目指すのは**ゼロ・マネジメント**。管理することなく、スタッフや受講生自らが決めた成果を、コミットした時期までに達成できるよう、**アウトプットだけを管理**するマネジメントです。

　どうしてそんなことができるのでしょうか。

　小林社長は自ら講師を務めながら、事務スタッフと**たった2人で300人超の受講生の進捗管理と個別の相談などを毎月実施**して、結果を出し続けています。

　このユニークなマネジメントを実現するのに欠かせないのが、Google のアプリ、具体的には **スプレッドシート と ドライブ** です。

　どんな目的のためにどう活用しているのか、さっそく紹介しましょう。

ゼロ・マネジメントを実現した2つのアプリ活用法

Google スプレッドシート		
1. オンライングループ コンサルティングの 出欠	全員と共有	受講生が都合のいいときに出欠を入力。関数で、次回の出席人数が一目で把握できる
2. 自己紹介	全員と共有	受講生各自が入力したものを全員で共有。公式サイトやブログURLなどに変更があっても本人が修正でき、最新情報が常時表示されている状態
3. ステップ別結果達成表	全員と共有	各ステップに合格基準を設け、講師が入力するセルと、目標売上の達成者は、達成を本人が記入するセルがある
4. 課題入力シート	全員と共有 ただしリンク先は本人のみの限定共有	課題入力シートそのものは全員に共有されているが、リンク先の入力ファイルは講師と受講生本人のみの限定共有。受講生は入力後、コメントにて入力完了報告。講師はメールで受け取り、そのシートを確認し、フィードバックする。オンラインコンサル（個別相談）は、このシートをもとに実施。コンサル中にもその場で修正でき、互いにすぐに確認ができる
Google ドライブ		
独自テンプレートの配付	全員と共有	セミナースライド資料、テキスト原稿、ステップメール原稿、チラシサンプルなど、集客や講座運営に必要な資料を共有。そのまま流用可能

　ゼロ・マネジメントを実現した2つのアプリ活用法を**図表5-14**にまとめました。

　では、具体的な活用のポイントやメリットを小林社長から聞いてみましょう。

小林社長談

　私たちは現在、ワンストップで教育型ビジネスの構築と自らの企画を書籍化するところまでサポートする体制を、リモートで完結させています。

　毎月、新会員が生まれつつ、一人ひとりの受講生が自分のペースで成功できる仕組みをオンラインで構築しました。

　それができるのは、すべて知識やノウハウを学ぶ「**反転学習**」と個別の疑問に答える「**相談**」がうまく組み合わされているからです。

　反転学習は、従来、対面で教えていたものを動画で撮影しておき、事前に受講生が視聴、予習・復習にも使える環境を提供する学びのスタイルです。

　まずステップごとに、解説動画を準備して、それぞれの受講生のペースで見てもらいます。

　次に、その学んだ内容を自分で実践。ここでは独自のテンプレートを提供し、受講生自身の経験やノウハウを記入しやすくしています。

　今や学びに必要な過程をすべてオンラインで、リモートで実現する時代です。

　ただ、学んだことを実践する段階で「ここはどうしたらいいのか」「何を書けばいいか思いつかない」など、受講生の思考がストップすることがあります。

　そのストップするポイントが人それぞれ違うため、**個別の疑問に答える相談が必要になる**のです。

　この相談をコロナ前は、グループコンサルティングという形で、毎月受講生が会場に集まって実施していました。講師と直接会うことでモチベーションが刺激され、受講生同士の交流も生まれていたのですが、現在はすべてオンラインでライブ配信しています。

　動画は録画して、欠席者も後から視聴できるようになっています。

　つまり「動画を見る」→「テンプレートに入力する」→「相談する」→「フィードバックを活かして完成。次へ進む」という4つのサイクル

を回すことで、**受講生がそれぞれ自力で進める**ようになっているのです。

　スプレッドシート がなければ事務局に連絡をもらい、その都度、事務局で情報を管理・更新しなければいけませんでしたが、今はその必要がありません。

　また、受講生同士、自分の進捗を記入する際に他の人の進捗も目に入るので、いい意味で競争意識や自分も頑張ろうという意識が芽生えます。

　ドライブ では、私たちが実際に使っている資料をそのまま、受講生自身のプログラムに流用して使ってもらっています。

　Google ドライブ に保存しているファイル URL の最後「edit#」を「copy」に変えてリンクを共有すると、原本ではなくコピーを共有できます。

　こうした Google のシステムを活用した結果、運営面の**生産性が劇的に向上**しています。

　今では海外にも受講生がいます。毎月200件を超える個別相談をしていますが、スタッフとの連携もリモートでゼロ・マネジメント。自分がやりたいことやプライベートに時間を使えています。

　このように、リモートでも人のやる気を引き出し、成果を10倍にすることは十分可能なのです。

企業・組織向け有料サービス
「Google Workspace（旧 G Suite）」でDX[*47]を推進

　ここからは、経営者や外部の人たちと連携する個人事業主、そして組織のマネジャーなど情報共有に責任を負う方々にとって有益な追加情報です。

　これまで紹介した Google の全アプリはすべて無料。にもかかわらず世界最高水準の強固なセキュリティで守られていると同時に、AI が各アプリにふんだんに搭載されているので大幅な時短が実現できます。

　Gmail アカウントをメンバーにも取得してもらい、さらに本書で解説した 10X コミュニケーション術、10X コラボレーション術、10X マネジメント術の CCM 3種の神器を活用するだけで、劇的な生産性アップが達成できるでしょう。

　しかし、反面、少々不便で不安となる面も残ります。

　それは、**組織としての情報の管理・運用体制**についてです。

　というのも、Gmail アカウントは作成した「個人」の所有物です。

　そのため、そのアカウントで作成された文書ややりとりは基本的に、その「個人」の知的財産になります。

　「共有」をどこまで実施するかは本人の判断が優先され、強制できませんし、設定を組織のマネジャーが確認することはできません。

　何らかの理由でチームを離れる際、仕事で全員が使っていたファイルだとしても、当然ながら、そのデータの所有権はオーナーである本人にあります。

---

*47　DX（デジタルトランスフォーメーション）とは、「企業がビジネス環境の激しい変化に対応し、データとデジタル技術を活用して、顧客や社会のニーズを基に、製品やサービス、ビジネスモデルを変革するとともに、業務そのものや、組織、プロセス、企業文化・風土を変革し、競争上の優位性を確立すること」
　　出典：経済産業省　平成30年12月「デジタルトランスフォーメーションを推進するためのガイドライン Ver. 1.0」2ページ

チームでやりとりする情報量が多くなればなるほど、Gmail アカウント
で構成された組織の場合、統制が取れず、**次第に無法地帯となってしまう可
能性**があるのです。

　そこで、「**Google Workspace**」の登場です。この問題を見事に解決で
きます。

無料 Gmail アカウント と Google Workspace アカウント の比較

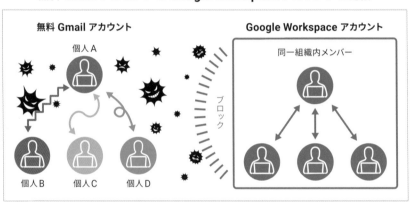

　Google Workspace は、Google が提供する**有料サービス**。
　2020年10月より G Suite から Google Workspace に名称が変更になりま
した。リモートワークが中心となるアフターコロナの働き方に合わせて、会
議、文書作成、管理などの機能をより使いやすく統合したのです。
　すでに Google Workspace は、世界中で600万社以上の導入実績があり、
約26億人が使う**組織のためのサービス**です。
　組織の「管理者」としてセキュリティや共有をどう設定するか、権限が付
与されるため、一元管理ができるようになります。
　管理者として遠隔でさまざまな指令を出すためのツール「管理コンソー
ル」[48]を使えば、すべてのアカウントの情報を把握・分析・管理すること
が可能です。

　また、無料版では提供されていない、組織で情報を安全かつスピーディに共有するためのアプリやより高度な機能が追加で使えるようになります。

　まず Google Workspace では「独自ドメイン」を使います。

　独自ドメインとは、ウェブ上の「表札」といえるもので、会社や特定のサービス名で自分で取得します。

　たとえば、info@sample.co.jp というメールアドレスの場合、ドメイン名は＠より後の「sample.co.jp」です。sample の部分は自分で指定でき、co.jp は日本の上場企業の97％以上が使う信頼性の高い日本企業限定ドメインになります（もちろん、ドメインは co.jp 以外でも問題ありません）。

　このメールアドレスが Google アカウントとなり、迷惑メール除去率99％の Gmail をはじめ、すべての Google アプリ群に使えるようになります。

　無料で利用できる Gmail アカウントには、実は「稼働保証」がありません。

　一方の Google Workspace は、**99.9％の稼働保証とサポート**つき。何か困ったことや聞きたいことがあれば、すぐにメールやチャットで Google に相談できます。

　ところで、Google Workspace を導入する一番のメリットは何でしょうか。**今、話題の DX（デジタルトランスフォーメーション）を最短最速で推進できる**ことです。

　なぜ、そう断言できるのか。

　Google Workspace は、イノベーションを数多く生み出してきたグーグラーたちが毎日使い、自分たちのために改善・改良してきた**文房具**のような存在。直感的でシンプルな操作で、日々進化するツールです。

　Google のアプリ群はこれまで見てきたとおりクラウド100％。だから「IT の段差」がなくなり、情報のバリアフリー化が可能です。

　特に組織内の情報共有において「行ったり来たり」を完全になくすことが

＊48　組織内のユーザーが使用する Google サービスを管理者が管理するための場所。Google Workspace 管理者は、Google Workspace サービスのすべてを一元的に管理できる。この管理機能を使って、ユーザーの追加や削除、パスワードの再設定、監査ログの表示、サポートへの連絡、その他さまざまな機能を利用することができる

できます。

第3章では、**カレンダー** で予定調整を Google の AI が自動的に行い、**Google Meet** を使った「話すと書く」でリモート会議を制覇。**Jamboard** で議論を収束させ、リモートコミュニケーションを10倍活性化する方法について触れました。

Gmail アカウント同士だと、もとより他人同士ですから、共有設定を依頼しない限り、相手の予定は見ることができません。共有を拒否されたら、あきらめるしかありません。

一方、同じ組織の Google Workspace ユーザーなら、**最初から共有ありきの環境**です。相手の名前を入れるだけですぐに連絡を取り合え、一緒にクラウド上で作業ができるわけです。**新しいことに取り組むスピードが格段にアップ**します。

なお、Google Workspace であっても、アカウントとは基本的に個人が利用・管理するものです。そのためパスワードは本人が自由に変更できますが、そのアカウントは組織に所属するので、Google Workspace の管理者は必要あればいつでもパスワードを変更し、情報を管理する権限を持っています。

また、「パスワードは10文字以上で設定する」「2段階認証を有効にする」など、Google Workspace 管理者が使用ルール[49]を管理コンソールで設定できます。たとえば、サポートチームだけに Google Meet を有効にしたり、マーケティング部門だけに Google サイトの一般公開を許可したりすることができるのです。

第4章では **フォーム** で鮮度抜群の現場の情報を収集、**スプレッドシート** でそのデータを分析・加工。さらにはデータやファイルを **ドライブ** に保存することで必要なメンバーとリアルタイム共有し、リモートでも成果10倍のコラボが実現する方法を紹介しました。

---

*49 使用ルールや方針を「ポリシー」と呼ぶ

　Google Workspace を導入すると、一人ひとりのメンバーが所属チームの壁を超え、組織全体で主体的に、協働の「機会」と「場」を手軽につくれるようになります。

　データを収集・分析・調整して必要な人と共有する。これは想像以上にメンバーにとっても生産性が向上し、業務遂行に役立ちます。さらにこれが進むと、放っておいても組織内のあちこちで同時多発的にプロジェクトが始まってきます。

　DX とは、単なる IT ツールの導入を指すのではなく、スピーディな判断の助けとなるデータや情報を自ら集め、活用できる環境をつくり、さまざまな関係者と協力してイノベーションを推進することです。

　Google Workspace を導入することで、DX は自動的に現場からどんどん推進されていくようになるのです。

　第5章では、リモートマネジメントを 10X 化する方法を紹介しました。

　Classroom で部下とのやりとりを一元管理し、離れていても継続的に信頼関係を築く仕組みをつくる。**アカウント**でセキュリティ管理を強化する。そして、次世代型メモ **Google Keep** でちょっとしたことでもすぐに解決する。これら3つのアプリを組み合わせて使うことで、みんなのチカラを10倍引き出すマネジメントができます。

　マインドセット[*50] **を変える**ことが、イノベーションには重要です。

　誰かが高い目標を示し、どうすればそこに到達できるのか、ブレイクダウンして伴走する。DX を成功させるには、そんなリーダー、マネジャーが必要です。

　本書では、**合計10のアプリの本質、活用術**について紹介しました。

　厳選された Google アプリを組み合わせれば、変化の激しい現代の課題で

[*50]「ものの見方。物事を判断したり行動したりする際に基準とする考え方」（出典：小学館「デジタル大辞泉」）

も、みんなが自力で解決できるようになることを実感していただけましたでしょうか。

これを実行に移していくことこそ、DXの本来の目的です。

Googleのアプリ群だけで、ここまで実現できるのです。

コスパも最強です。気になる料金は、① Business Starter なら680円、② Business Standard は1360円、③ Business Plus は2040円（ともに1ユーザーあたりの月額）。利用者数でかけ算してください。

実は、2020年10月6日、長年にわたりビジネス向けグループウェアサービスとして提供されてきた G Suite が、Google Workspace にリブランドされたばかり。以前は3つだったプランが、大規模ビジネスを含めた4つに

	Gmail（無料版）	Google Workspace（有料版）		
	Gmail アカウント	① Business Starter	② Business Standard	③ Business Plus
月額料金*51	0円	680円	1360円	2040円
保管容量	15GB	30GB	2TB	5TB
管理コンソール	×	○	○	○
Gmail	@gmail.com	独自ドメイン		
共有ドライブ	×	×	○	○
Google Meet	最大100人	最大100人	最大150人	最大250人
デジタルホワイトボード/背景のぼかし	○	○	○	○
ブレイクアウトセッション	×	×	○	○
Google Meetの録画機能	×	×	○	○

＊51 1ユーザーあたりの税別利用料金。14日間の無料試用あり。その後は月または年単位で支払う。大規模ビジネスは個別プランのため料金は非公開、要問合せとなっている

変更されました。3つのプランの料金は以前と変更ありません。

　無料版を入れて各プランを比較した図表を作成しました。

　左下の図表をご覧ください。

　詳しくは「グーグル　ワークスペース」で検索してみてください。

　他にも無料版と何が違うのか、見てみましょう。

ドライブ

　Google Workspace のプラン②Business Standard 以上は **[共有ドライブ]** が使えます。

　Google では、ファイルは基本的に、作成またはアップロードしたアカウントの持ち主である個人が「オーナー（情報の所有者）」になります。そのため、マイドライブ に保管されている個人のファイルは、Google Workspace アカウントであっても、削除と同時にそのアカウントにひもづけられたデータも消えてしまいます。

　もちろん、データを他のアカウントに移行することはできますが、誰か一人のアカウントにすべて移行されてしまうため、情報の管理がしにくい面がありました。

　その点、[共有ドライブ] 内のファイルは、はじめから個人ではなく組織が所有します。メンバーの誰かが退職するなどでアカウントが削除されても、ファイルは影響を受けずにそのまま残るため、引き続きチームで情報を共有して仕事を進めることができます。

　ドライブ の保存容量も、Google Workspace のプランによって変わります。①Business Starter は 30GB、②Business Standard は 2TB、③Business Plus は 5TB です。

Google Meet

　Google Workspace のプランによって、Google Meet の参加可能人数の上限は異なります。① Business Starter は 100 人、② Business Standard は 150 人、③ Business Plus は 250 人まで。

　なお、② Business Standard 以上は Google Meet での会議録画機能や参

加者をグループに分けるブレイクアウトセッション機能が利用できます。

　背景のぼかし機能や Google　Jamboard と連携したホワイトボード機能は、無料の Gmail アカウントでも利用できます。

　まずは、無料版の Google アプリを、使い倒せるようになりましょう。

　そしてさらにパワーアップし、組織全体でグレードアップした活用を望むなら、そのときは Google Workspace を選択してください。

　多様化し続ける企業のニーズに、柔軟に、そしてコストパフォーマンス抜群で対応してもらえます。どう活用するか、主役はあなたです。早く始めた者勝ちです。

　もしあなたの会社がすでに Google Workspace を使える環境なら、ぜひあなたのチームから 10X を実現してみてください。

おわりに

2019年4月のとある夜。私は身体が震えるような経験をしました。

その夜の豪華な会場には、最高のスーツ、ドレス姿で300社超の敏腕経営者が一堂に会していました。

そこは、マーケティングの世界的権威「ECHO賞」の国際審査員で、経済誌で「日本一のマーケッター」と評された神田昌典氏が、年1回主催する本気モードのイベントです。

その場は、厳しい入会審査をくぐり抜けたコミュニティの中で、1年間のメンバーの実践を讃え合う場であると同時に、「社会変革リーダー」の最も優れたビジネスモデルを決める発表会だったのです。

百戦錬磨の経営者たちに囲まれた私は完全な場違い。

華やかな会場の中で、肩身の狭い思いをしながら、最後列でひっそり息をひそめていました。

実は、ここだけの話、私はその前年に赤字を出し、参加条件にも満たない「みにくいアヒルの子」のような存在でした。かろうじて参加できたのは、「面白そうな新規事業がある」というだけの理由でした。

経験と実績が皆無の私は、誇れる武器や戦略がありません。

みにくいアヒルの子として発表会にエントリーするには、2017年から取り組み始めた新事業、つまりGoogleをビジネスシーンで活用し、最短最速で成果を出すことにコミットした研修事業に賭けるしか術はありませんでした。

いよいよ300社超の頂点である最優秀MVPの発表です。

厳正な審査の結果、選ばれたのは……

「平塚知真子さん！」

なんと、私の名前がコールされたのです。

182

最新テクノロジーをわかりやすく伝えたい思いが評価され、みにくいアヒルの子が、最後列から初めて飛び立てた瞬間でした。

他の経営者にまったく歯が立たなかった私が、唯一持っていた武器。
それが本書で初めて紹介した『**Google 式 10X リモート仕事術**』でした。

あなたが手を伸ばしさえすれば、必要なテクノロジーは誰でも使いこなせる時代になりました。しかし、知ろうとしなければ誰も教えてくれません。
本書で触れた 10X の目標を実現するプロセスで最も大切なのは、Google のアプリではなく、あなた自身の気づきや行動です。
あなたの意思次第で、明るい未来はいくらでも開かれているのです。

あなたが真に実現したいものは何か？
この問いが一番重要です。
願いがクリアにイメージできれば、アラジンの魔法のランプのように、Google はあなたの最強の味方になってくれます。

最優秀 MVP を受賞した夜以来、Google の最強アプリ群が多くのビジネスパーソンの最強の味方になることを 1 日も早く伝えたい。そんな使命感に突き動かされながら、本書の執筆に挑んできました。

ただ、企画は通ったものの、執筆・編集はそうカンタンではありませんでした。
クラウドの世界観をまだ体験したことのない人に、文字で伝えることがこれほど大変なのか。執筆前にはまったく想像もしていなかった壁が立ちはだかり、何度もくじけそうになりました。
書いても書いても原稿が採用されず、深い海の底に沈む日々。そのたびに、あの夜のことを思い出し、絶対にあきらめない、絶対にやり遂げると、気持ちを奮い立たせる毎日でした。

そして、やっと今、私は晩秋の美しい公園をウォーキングしながら、この「おわりに」を、本書で紹介した Google Keep に音声入力して最後の言葉を綴っています。

なぜ、ここまでたどり着けたのか。
それは、昨日とは違う明日を今日つくるために「**自分にイノベーションを起こす**」本気スイッチを入れたからです。

自分の思い込みや小さなプライドを完全に捨て、新しいやり方を試してみる。そう腹をくくって、実行に移しました。
でも、最初から覚悟してやってきたはずだったのに、なかなか変われませんでした。
「変わる」のは本当に難しい。でも変わったからこそ、今があると思います。

だからこそ、本書があなたのルーティンにイノベーションを起こし、眠った可能性を引き出すきっかけとなれたら、著者としてこれに勝る喜びはありません。
10X 目標を掲げ、最初の小さな一歩をぜひ今日、踏み出してください。
ぜひあなたの日常に、新しいアイデアを一つでも取り入れてみてください。

出版までは、本当に長く険しい道のりでした。
私一人では絶対に乗り切ることができませんでした。
本書執筆のきっかけをくださり、いつも心から応援してくださるアルマ・クリエイション株式会社の神田昌典さん。
イノベーションを起こすスイッチを入れてくださり、シェルパとして高い山の登り方を教え、常に正しい道を示してくださったマーケティングコーチの横田伊佐男さん。
何度も迷走する私を叱咤激励し、プロ魂とは何かを見せ続けてくださったダイヤモンド社の寺田庸二編集長。
この場をお借りして心から感謝申し上げます。

また、素敵な装丁にしてくださった山影麻奈さん。

シンプルかつ上品な本文デザインの岸和泉さん。

私が見えていなかった足元に光を当て、危機一髪のところを何度も救ってくださった、校正の加藤義廣さんと宮川咲さん。

本当にありがとうございました。

親愛なるグーグラーの松岡朝美さん、小出泰久さん、杉浦剛さん。これまで私を鍛えてくださった国立情報学研究所の新井紀子先生をはじめとする多くの先生方。田隅加代子さん、平山秀樹さん、小林正弥さん、國持重隆さん、神田秀樹さん、土井英司さん、原尚美さん、矢野香さん、北林利江さん、日比将人さん、本多美佐江さん、本当にありがとうございました。取材させていただきながら掲載できなかった方々にも謹んで感謝の意を表します。

全力投球の私をいつも笑顔で支えてくれる最愛の家族と、イーディーエル株式会社のみんな、本当に感謝しています。

最後に、ここまで読んでくださったみなさま、ありがとうございます。

いつの日か、お目にかかれることを心から楽しみにしています。

2020年10月
晩秋のつくば市にて

平塚 知真子

[著者]

平塚知真子（ひらつか・ちまこ）

Google 最高位パートナー／イーディーエル株式会社代表取締役

Google が授与する最高位の肩書（Google 認定トレーナー／Google Cloud Partner Specialization Education）を2つ保有する国内唯一の女性トレーナー経営者。

数時間でITスキルを劇的に引き上げる指導に定評があり、教育分野において Google から絶大な信頼を得ている。

早稲田大学第一文学部（教育学専修）卒。筑波大学大学院教育研究科修了（教育学修士）。筑波大学大学院非常勤講師。

アルマ・クリエイション株式会社主催「クロスセクター・リーダーズアワード」2年連続最優秀MVP（2019年、2020年）。常陽銀行主催第3回常陽ビジネスアワード「ウーマノミクス賞」379プラン中第2位（2015年）。

出版社勤務を経て専業主婦になるも、学習欲が高じて大学院に進学。在学中に事業欲が高まり、IT教育会社を起業し、現在に至る。

「日本に最高のITスキルを伝え、広める」を信条に、教育関係者やビジネスパーソンへ最新のITおよびクラウドスキルを指導中。パソコンやタブレットを四六時中見ているため、月に1回はデジタル断捨離し、温泉をめぐることが趣味。

1968年生まれ。夫と1男1女。茨城県つくば市在住。本書が初の単著。

【連絡先】info@edl.co.jp

Google式10Xリモート仕事術
──あなたはまだホントのGoogleを知らない

2020年11月24日　第1刷発行

著　者────────平塚知真子
発行所────────ダイヤモンド社
　　　　　　　　　　〒150-8409　東京都渋谷区神宮前6-12-17
　　　　　　　　　　https://www.diamond.co.jp/
　　　　　　　　　　電話／03·5778·7233（編集）　03·5778·7240（販売）
装丁────────山影麻奈
本文デザイン・DTP・イラスト──岸 和泉
企画協力────────横田伊佐男（CRMダイレクト）
製作進行────────ダイヤモンド・グラフィック社
印刷・製本────────勇進印刷
編集担当────────寺田庸二